Julia Schramm

Klick mich

Bekenntnisse einer
Internet-Exhibitionistin

Knaus

»Klick mich« erscheint zeitgleich als E-Book.
Zur Diskussion geht's hier → www.juliaschramm.de

FSC www.fsc.org
MIX
Papier aus verantwortungsvollen Quellen
FSC® C014889

Verlagsgruppe Random House FSC-DEU-0100
Das für dieses Buch verwendete
FSC®-zertifizierte Papier *EOS*
liefert Salzer Papier, St. Pölten, Austria.

1. Auflage

Gesetzt aus der Sabon von Uhl + Massopust, Aalen
Druck und Einband: Friedrich Pustet KG, Regensburg
Printed in Germany
ISBN 978-3-8135-0494-1

www.knaus-verlag.de

Für meine Eltern

Inhalt

ANHANG

Vorwort

Mein Name ist Julia und ich lebe im Internet. Ich bin da ziemlich glücklich, habe Freunde, die ich nur digital kenne und abschalten kann, wann ich will. Wir reden, lachen, weinen, streiten, hassen, tauschen Gedanken und Videos aus, lästern und verlieben uns. Diese Welt ist Teil unserer Realität und hat doch ihre eigenen Regeln. Sie legt sich wie ein Schleier auf unsere Kohlenstoffwelt, verändert sie und ist doch eigenständig. Für viele ist diese Welt des Geistigen hinter dem Monitor künstlich. Doch für mich ist sie wahrhaftig und real.

Angefangen hat mein Leben aber jenseits dieser neuen, aufregenden Welt, denn aufgewachsen bin ich mit der Liebe zu Büchern, dem Schreiben und sehr gut behütet in einer kleinen deutschen Stadt. Mein Weg an den Computer Mitte der 1990er Jahre war ein selbstverständlicher Schritt. Dank einer kostenlosen Standleitung meines Vaters, die damals jedoch nur benutzt werden konnte, wenn niemand telefonierte, begriff ich den Computer und das Internet bald als idealen Ort für meine Neugier und meine Ideen, auch wenn die Ladezeiten mich trotz privilegierter Stellung (immerhin bleiben mir AOL-CDs erspart!) zu Beginn in den Wahnsinn trieben. Denn meine ersten Erfahrungen mit den unendlichen Weiten des Internets machte ich in einer Zeit, in der sie noch gar nicht so weit waren.

Ich bin 1985 geboren, 1982 hatte das *Time Magazine* den Computer zum »Man of the Year« ernannt. Wie selbstverständlich nutzte ich jede Plattform zur Anhäufung von Informationen und Wissen – Bücher, Teletext, Pager, Zeitungen, Cornflakespackungen und das World Wide Web. Dass sich mein Leben bald so weit wie möglich digitalisieren würde, ahnte ich damals nicht. Wie auch? Jahrelang bewegte ich mich intuitiv im Netz, bevor ich halbwegs verstehen konnte, wie das Internet funktioniert. Und deswegen bin ich wohl ein Digital Native. Eine digitale Eingeborene.

Von klein auf habe ich meine Zeit mit Mal- und Schreibprogrammen und in den Weiten des WWW verbracht, meine Gedanken in Pixel transformiert. Mit Hilfe dieser Pixel rufe ich meine gefilterte Wahrnehmung in die Welt hinein, ohne ein Megaphon, ohne einen direkten Empfänger. So ist sie für immer und ewig den unendlichen Dimensionen des Internets eingeschrieben. Theoretisch. Ich webe meine Sätze in dieses kaum kontrollierbare Flechtwerk elektrischer Impulse. Teile überleben, werden gespeichert, Teile verschwinden. Dabei weiß ich nie, wer letztlich meine Worte liest oder was mit ihnen passiert. Ob es mir Angst macht, dass meine Gedanken eventuell verewigt werden, auch wenn sie oft gedankenlos sind, frage ich mich zwar, doch berühren tut es mich nicht. Gedanken, die meinen Kopf verlassen, gehören der Welt, für die ich sie verpixele. Die Programme haben sich inzwischen verändert. Die Funktion nicht. Ich bin täglich neu Teil des Netzes. Ich werde digital. Die Bedienung ist heute schöner, ja, auch einfacher und trotzdem bleibt das Internet für mich ein Ort – meine Heimat. Doch diese wird seit geraumer Zeit angegriffen, von großen Unternehmen und Politikern, die sich vor den rasanten Veränderungen fürchten, die Kontrolle brauchen. Auch deswegen möchte ich von meinem Leben im Netz berichten, von meiner Entwicklung dort, eine Tür zu meiner Welt öffnen. Einen Einblick gewähren. Ich möchte von einem Kampf berichten, der vom Traum einer virtuellen Polis motiviert ist, in der es jedoch keine Unterdrückten gibt, keine Ausgebeuteten, sondern nur freie Menschen. Und wenn ich den dunklen Seiten der digitalen Freiheit meine Aufmerksamkeit schenke, den Abgründen und Ängsten, dann nur, weil auch sie zu meiner Heimat gehören. Denn diese ist wie jeder andere menschliche Ort auch eine Pfütze der Eitel- und Begehrlichkeiten.

Wie jede andere Heimat auch ist meine Heimat von Menschen bevölkert. In meiner Heimat jedoch können alle Menschen – so sie freien Zugang zum Internet haben – gleichzeitig sein, hier werden das Wissen und die Geschichten aller Menschen vereinigt, gesammelt und archiviert. Das Große und das Banale, das Heilige und das Profane, das Nützliche und das Unnütze. Eine riesige Bibliothek, die eine Erweiterung meiner Möglichkeiten bedeutet, einen Einblick gibt in das Wissen und Denken unserer Zeit, aller Zeiten.

Als Element dieser, meiner Welt bin ich stets im Wandel, eine ständige, sich verändernde Kopie der Welt und meiner selbst, die alten Versionen immer gegenwärtig und vor Augen. Dieses Buch ist in erster Linie von mir, Julia, geschrieben, aber auch von den verschiedenen älteren Versionen meines Ichs und meinen diversen Rollen. Denn bis heute habe ich im Netz verschiedene Identitäten geschaffen, die sich durch verschiedene Pseudonyme ausdrücken. Sie entsprechen meinen Lebensphasen und dokumentieren meine Entwicklung.

In meiner ersten rebellischen Phase mit 13 nannte ich mich chloe.f.f.w – chloe for a free world. So hieß auch meine Beepworldseite, die ich bereits damals mit Parolen gegen den Kapitalismus und für Gerechtigkeit füllte. Mein Pseudonym war als Programm gedacht, auch wenn man das nicht erkennen konnte. Ich selbst wusste von meinen heroischen Absichten, das genügte. Im Geiste dieses Pseudonyms stritt ich mit meinem Vater, der mich darauf hinwies, dass man in meinem Alter nun mal Kommunist sei und dass das weggehen würde. Einmal beim Abendessen diskutierten wir die Frage, ob *jeder* Mensch automatisch das größere Stück Fleisch nehmen würde. Wir schnitten unser Schnitzel in ungleiche Stücke und philosophierten über die menschliche Natur. Zerknirscht aß ich anschließend ein kleines, kaltes Stück Schnitzel.

Eine Zeit lang, ungefähr von 19 bis 24, nannte ich mich jade – ob englisch oder deutsch ausgesprochen, konnte sich jeder aussuchen. Hart, kalt und schön – eine Zuschreibung, die mich im Netz ein paar Jahre begleitete, mit der ich jedoch auch offline völlig selbstverständlich angesprochen wurde. jade hatte dem Idealismus den Rücken gekehrt und versuchte sich mit Zynismus dem politischen Kampf für eine Welt zu verschreiben, die per Computer wenigstens ein bisschen besser organisiert werden könnte. You can't change the world but you can look gorgeous while trying it.

Pseudonyme sind für mich etwas sehr Persönliches und Individuelles, sind eine Ausdrucksform für meine Identitäten und die Person, die ich gerne sein möchte. Ein Anker in der Geschichte meiner Persönlichkeit und ein Anknüpfungspunkt. Ein kreatives Pseudonym ist außerdem ein präzises Erkennungsmerkmal in einer Welt, in der äußerliche Merkmale keine Rolle spielen und weltliche Namen Massenware sind. Seit 2009 heiße ich im Netz nicht jade oder chloe.f.f.w oder Julia, wie alle Mädchen meines Jahrgangs, sondern vor allem laprintemps, angelehnt an das Ballett »Le sacre du printemps« von Strawinsky. Nicht nur gehört die Frühlingsweihe seit Disneys »Fantasia« zu meinen musikalischen Lieblingen, auch verliebte ich mich in das Wort »printemps«. Fröhlich, doch eigen, schön, doch hart. Umständlich, doch klar. Und wie das Musikstück etwas seltsam. So seltsam, dass ich es selbst nicht immer auf Anhieb erkenne. Oft werde ich gefragt, ob ich denn wisse, dass es der Frühling heißt, also *le* printemps. Dabei habe ich den französischen Begriff ganz bewusst aufgegriffen und ihn mit *la* feminisiert – die Frühling. Dass ich den Frühling gar nicht richtig mag und mein Französisch stark verbesserungswürdig ist? Eine Randnotiz. Im Internet kann ich mich erschaffen, wie es mir beliebt. Existenzialismus live.

Und so gehören die Aussagen und Positionen, die ich in diesem Buch wiedergebe, zu meinen verschiedenen Identitäten und dienen der Veranschaulichung eines sich entwickelnden Lebens. Denn dieses Buch ist nicht nur meine Geschichte, sondern die Geschichte eines Subjekts inmitten der digitalen Revolution. Eine Folge davon ist, dass man mir und allen, die ihre Gedanken ins Netz geben, beim Denken zuschauen kann; dabei, wie ich von Auseinandersetzungen und Kritik, von Lektüren und Bildern und Tönen verändert werde, wie sich meine Standpunkte ändern. Deswegen werden wir uns manchmal nicht einig werden und meine Gedanken werden irritieren. Manchmal wird der Leser denken, dass ich mir widerspreche. Und genau das tue ich, denn Denken bedeutet widersprechen, sich nicht einig sein.

So wird mich der Leser in größter Disharmonie mit

mir selbst erleben. Aber das ist wichtig, denn harmonische Systeme sind dumm. Auch deswegen halte ich die analoge Welt nicht für in der Lage, die Probleme der Welt konsequent demokratisch zu lösen. In der analogen Welt muss immer die Illusion aufrechterhalten werden, es herrsche Harmonie, als gebe es eine Formel, eine Wahrheit – und nicht nur eine unendliche Kakophonie der Meinungen.

Diese Geschichte spielt an einem Nicht-Ort. Es gibt keine Stadt oder Landschaft, an der sie sich orientiert und im Einklang mit den Ereignissen steht. Die Geschichte spielt sich an einem Ort ab, der überall ist und nirgendwo, immer und nie erreichbar. Denn sie spielt im Internet, einem real gewordenen Nicht-Ort, einem Ort, der wie eine Märchenwelt hinter kleinen Türen anmutet und den ich nur durch Klicken erreiche. Und dieser Ort prägt die Geschichte und die Sprache der Geschichte. Er gibt den Takt vor.

Die Welt, aus der ich erzähle, ist so fragmentarisch wie der Text, der von ihr erzählt. Die Sprache dieser Welt ist die beschleunigte Sprache der Digitalität. In Echtzeit schreiben wir unsere Gedanken auf, teilen sie der Welt mit, verpixeln unsere Gedanken und unsere Seele. Die Entscheidung, ob die Ereignisse in diesem Buch meinem Leben oder meinem Kopf entsprungen sind, bleibt dem Leser überlassen. Alles, was hier steht, ist irgendwie passiert, auch wenn es nicht geschehen ist. Meine Wahrheit über die Vergangenheit ist in meiner Erinnerung. So wie bei jedem von uns. Dort kann sie uns niemand streitig machen oder gar nehmen.

Im Internet ist in der Darstellung in Text und Bild alles möglich, die Grenzen, ob es sich um eine echte Begebenheit oder um Fiktion handelt, sind schon lange verschwommen. Deswegen ist meine Darstellung möglich, wahr und doch nur eine Geschichte. Alles ist Dokumentation, auch wenn es fiktiv ist.

Ursprünglich lebe ich in einer Welt, in der ich Politologin bin, Piratin, Tochter und Ehefrau, in der ich auf andere kohlenstoffbasierte Entitäten treffe und mit meinen Sinnen wahrnehme. Doch auch das verschwimmt. Was haben wir im Chat, was auf der Parkbank besprochen? Geht es als Party durch, vor dem Bildschirm zu sitzen, mit Freunden zu chatten und Wein zu trinken? Ich fühle mich sicher und wohl hinter dem Bildschirm, in diesem Ausschnitt einer zusammengeführten Welt von komprimierten Informationen, Meinungen, Ideen und Visionen, verdichtet wie eine zusammengestampfte Wolke. Ich flattere hin und her zwischen der alten Welt, mit ihren großen Dichtern und Denkern, mit epischen Opern und pompösem Ballett, und der neuen Welt, in der ich nicht nur rezipiere, sondern partizipiere. Manchmal gucke ich mir alte Filme auf Videoportalen an, schwelge in den Hoffnungen des 19. und den Grausamkeiten des

20. Jahrhunderts. Stelle mir vor, mit Rosa Luxemburg zu diskutieren, Churchill die Meinung zu sagen und Che Guevara zu küssen. Ich denke mich zurück in die deutsche Nachkriegszeit und versuche eine Welt zu fühlen, die ich nur verarbeitet serviert bekommen habe. Ich lebe in der Zeit nach der Postmoderne, in der Hitler ein parahumanes Monster und doch eine Witzfigur ist. Eine Zeit, für die Joseph Beuys keine Provokation mehr ist und sein kann. Ein Leben, das Konventionen nur aus Parodien kennt. Ein Leben mit und im digitalen Zeitalter. Willkommen.

Die handelnden Personen

Die Autorin ist die Erzählerin und berichtet über ihr Leben und wie sie es betrachtet. Dafür hat sie Figuren und Ereignisse geschaffen, die – selbst wenn sie sich auf echte Menschen und Ereignisse beziehen – frei erfunden sind.

Ich – Eine unzuverlässige Erzählerin, die alles und jeden bewertet, die Geschichten so wiedergibt, wie sie das für richtig hält, und sowieso alles mit ihrer Wahrnehmung verfärbt. Sie ist 26 bzw. 27 Jahre alt und lebt im Jahr 2012.

chloe.f.f.w – Pubertierende Version der Erzählerin. Ist zwischen 13 und 18, geht noch zur Schule, lebt bei ihren Eltern und experimentiert mit dem Internet, Jungs und Alkohol. Schiller hat ihr den Kopf verdreht. Sozialromantikerin.

Arielle – Abseitige Unterpersönlichkeit von chloe.f.f.w

jade – Studierende Version der Erzählerin. Ist zwischen 19 und 24 und lernt gerade das Internet als politische Plattform kennen. Sie lebt allein und hat eine Beziehung mit anx. Hedonistische Internetaktivistin.

laprintemps – Gegenwärtige Version der Erzählerin. Sie ist seit 2009 aktuell und bemüht sich um einen angemessenen Umgang mit der Welt und ihrer Vergangenheit. Optimistische Skeptikerin.

Mortensen – Der Internetaktivist. Womit er sein Geld verdient, ist unklar. Er kämpft für Menschenrechte und Kommunikationsfreiheit in vielen Teilen der Welt und ist ein unbeirrbar pessimistischer Idealist. Dafür nutzt er IRC und Twitter. Oder auch nicht.

Leonard – Der gute Freund, mit dem es eine unerwünschte romantisch-erotische Verwicklung gibt. Er ist Kognitionswissenschaftler. Er kennt Mortensen und Christian/anx, mag sie aber nicht sonderlich.

Sesemi – Die beste Freundin seit der Schulzeit. Die Datenschützerin. Sie arbeitet für eine NGO, wo sie für Bürgerrechte im Internet kämpft.

Maya – Die Freundin, die eigentlich keine ist. Ihr Beruf ist nicht überliefert. Sie ist der Anfang und das Ende und gleichzeitig der emotionale Endgegner. Ist mit Christian zusammen.

Christian/anx – Der beste Freund seit der Schulzeit, der zwischendurch zum Liebhaber wurde. Er ist jetzt mit Maya zusammen. Er verdient sein Geld mit Programmieren und hat mal versucht, bei Wikileaks mitzumachen. Aber nur am Anfang.

Junto – Der digitale Revolutionär in einem nicht näher bestimmten Land im Mittleren Osten. Er ist eng mit Mortensen befreundet und kennt anx/Christian aus irgendwelchen Chaträumen.

Kurt – Frauenverachtender Frauenheldfreund von Leonard. Was er beruflich macht, ist egal, denn er ist in erster Linie nervtötend. Seine geheime Superkraft: So lange auf den Boden stampfen, bis er seinen Willen kriegt.

Mr Big – Die große Liebe der Erzählerin, über die sie aber eigentlich nicht reden will. Oder kann.

Einfühlsam16 – Unbekannter und nerviger Chatkontakt von Arielle13.

In Nebenrollen

Thusnelda – Die Künstlerin – Die Eltern und die Geschwister – Adolf Hitler – Der Chat-Freund und sein Freund – Der Jugendschützer von der Kommission für Jugendmedienschutz der Landesmedienanstalten – Generischer Medienpädagoge mit Hang zur politischen Piraterie – Stereotyper Vertreter einer Volkspartei – Ambitionierte Jungjournalistin – Irgendeine Facebook-Freundin, die zu Guttenberg mag – Unbekannter One-Night-Stand – Nicht mit Nickname benannte Twitterer – Hausbesetzer – Sabbernde Hunde – Auf einer Matratze schlafender Mensch – Viele Jemands und ominöse Andere – Jack the Ripper – Opfer von Jack the Ripper – Die Ministerpräsidentin – Die dritte Rechnungsprüferin der Partei bibeltreuer Christen im Kreisverband Sächsische Schweiz/Osterzgebirge.

Mein Freund, der Monitor

> ***tl;dr:*** *Meine Freunde waren nicht die Mädchen und Jungen auf dem Schulhof, in der Nachbarschaft, im Sportverein. Ich war eine Außenseiterin, ein Nerd und wollte es auch sein. Schließlich lebte ich im Internet, Gleichgesinnte fand ich hinter dem Bildschirm. Heute werden wir Außenseiter in die Parlamente gewählt. Unglaublich, aber wahr.*

Samstagabend, Januar 2012. Ich befinde mich auf einer Party der Nerdszene, die mir so vertraut ist. Mit Sprüchen bedruckte T-Shirts. Viel Schwarz, schwere Stiefel oder Sneakers, lange Haare und ein paar Rollenspieler, die ihre Mittelaltertrachten gerade heute tragen. Die Musik ist zumeist elektronisch, manchmal ist jemand zum Musikmachen da, manchmal werden Klassiker auf einem C64 gespielt. Es gibt Hörner, aus denen Met oder Tschunk getrunken wird. Und mindestens eine anwesende Person hat ein schön verziertes Messer in der Hosentasche. Die Hosen sind gefüllt mit Adaptern und Multifunktionstools. Jemand fragt nach Chinch-Kabeln. Der Sound ist noch nicht perfekt. Es riecht nach Gras.

anx steht vor mir. Ein junger Mann in Militärklamotten und langen Haaren, die wild zu einem Zopf gebunden sind, der davon erzählt, wie er regelmäßig grundlos von der Polizei durchsucht wird. Er ist hochgewachsen, hat langes welliges, tiefbraunes Haar, einen Vollbart und schwarze, gütige Augen. Hinter den leicht abstehenden Ohren hat er kleine Löckchen.

»Hacken ist keine Tätigkeit, es ist eine Herangehensweise an das Leben, ein Verständnis der Wirklichkeit«, erklärt er mir mal wieder, »ein Impuls, der dir sagt, dass es geht, besser geht, dass es funktioniert, auch wenn du einen unbekannten Weg gehen musst. Apropos, ich muss jetzt weg. War nett. cu.«

Ah, diese Art der Verführung kenne ich. Ich ärgere mich, dass sie bis heute funktioniert. Etwas gekränkt, aber auch leicht sentimental blicke ich ihm hinterher. Er wird wiederkommen.

Hacken beginnt also immer mit dem Menschen, denke ich, lege den Kopf etwas schief und streiche meinen nicht vorhandenen Bart, denn Maschinen lassen sich nicht ohne Menschen hacken. anx' Worte gehen mir noch im Kopf herum, als ich mich neben eine Gruppe anderer Partygäste setze. Random socializing. Die Frau trägt eine schwarze Kutte, mit weiten Ärmeln und spitzer Kapuze. Sie ist ungeschminkt. Ein bisschen wie eine mutierte Elfe. Ihr Blick ist spitz, ihre Haut fahl, die Überwindung der Akne hat Spuren hinterlassen. Der Mann hat kurze hellbraune Haare und eine Harry-Potter-Brille. Was sagt man über die Digital Natives? Der Aufstand der Hässlichen? Egal.

Sie sehen jung aus. Sind sie aber nicht, werde ich später erfahren.

»Guten Abend!« Schwungvoll lasse ich mich neben den beiden auf dem zum Sofa umgebauten Bett nieder. Sie guckt mich leicht angewidert an. Mit den Overknee-Stiefeln zum engen, schwarzen Kleid – niemals würde ich mich trauen, anders als in Schwarz auf einer Geburtstagsparty von Sesemi zu erscheinen –, der starken Schminke und dem wallenden Haar sehe ich eher wie ein feierfreudiges Socialite aus, das sich in soziale Untiefen verirrt hat. Und so werde ich auch behandelt. Demonstrativ kuschelt sich die Elfe an den Mann, als sei ich unkontrollierbar in meinem Durst auf Männerseelen.

»Ich befürchte, dass dich unser Gespräch nicht interessieren wird, Süße«, sagt sie süffisant. Und ob ich gerne an Steckdosen lecke.

Ich seufze leise. Und sage nichts. Wieso auch rechtfertigen? Ich sehe nicht aus wie ein Nerd, Geek oder Freak, eher wie ein zu dickes Victoria's-Secret-Model.

»Entschuldige, sie ist immer etwas ruppig bei so hübschen Frauen wie dir«, sagt nun der Klon des nicht mehr ganz so jungen Harry Potter, während Thusnelda und ihre Freundin sich demonstrativ von uns wegdrehen.

»Oha. Und du fühlst dich jetzt berufen, mir das mitzuteilen?«

»Was denn so zickig?« Er lehnt sich betont lässig zu

mir herüber. »Wir sind nicht zusammen – sie macht ihr Ding, ich meins. Ich glaube sowieso nicht an feste Beziehungen.«

»Sie weiß das aber auch alles, oder?« Ich komme mir als monogame Hete in diesen Kreisen immer vor wie jemand mit einem total verrückten Fetisch oder einer Geschlechtskrankheit.

»Klar weiß sie das!« Sein leicht fettiges Gesicht grinst. »Wie heißt du?« Ich antworte nicht. Er versucht, mir die Hand zu geben. »Ich bin Leonard.«

Er sei Doktorand für Kognitionswissenschaft. Aus dem starken Bedürfnis, den Tanten eins auszuwischen, verabrede ich mich mit ihm und gebe ihm demonstrativ meine Kontaktdaten. Alle. Dann stehe ich auf und gehe mit erhobenem Haupt aus dem Raum. Das war erst der Auftakt.

Ich lehne mich am Rand der Tanzfläche an die Wand und zünde mir einen Joint an, frage mich, ob es unfair ist, dass ich Leonard treffen will. Vor allem warte ich darauf, dass anx wiederkommt. Mortensen, der mich auf die Party begleitet hat, stellt sich neben mich. Er will an dem Joint ziehen.

»Irgendwie muss ich gerade daran denken, wie wir uns kennengelernt haben, Mortensen.«

Mortensen und ich verstehen uns fast blind. Er starrt genauso oft wie ich auf den Bildschirm in der Hoffnung, dass seine getippten Zeichen etwas verändern. Selbst wenn sie nur auf einem T-Shirt stehen sollten. STFU!, war es mir damals auf einer Karaoke-Veranstaltung von seinem T-Shirt ins Auge gesprungen. Shut the fuck up. Mortensen hat einen festen Körper, zierlich fast, mit straffer Haut und schmalen Gliedern. Die Sehnen sind am ganzen Körper sichtbar. Genauso wie die zahlreichen Tattoos. Seine Glieder neigen dazu, zu zittern, vor Erregung, vor Wut, aber auch vor Überforderung. Oder Tatendrang. Dann überschlagen sich die Ereignisse in seinem Leben und die Gedanken in seinem Kopf. Seine weichen Haare sind grün, manchmal saftig, manchmal pastellzart. Noch versuche ich, jenseits der Haltbarkeit von Haarfärbemitteln einen Algorithmus zu entdecken, eine Farbe-Laune-Korrelation.

»Wieder mal einsam, was?«, fragt er mich. »Wieso eigentlich? Du wirkst immer so glückstrunken und von der Sonne geküsst. Wie wurdest du zu einem, ja … Außenseiter?«

»Keine Ahnung. Ich weiß es nicht. Ich bin weder ein übertrieben hochbegabtes Kind gewesen noch ein autistisches Genie. Meine Sozialisation hat sich in vollkommen bürgerlichen Bahnen abgespielt. Im Reihenhaus, mit friedlichen und sauberen Eltern, die mich und sich mögen. Mit netten Geschwistern … Aber irgendwann lachte plötzlich niemand mehr über meine Witze. Plötzlich erklärten mich alle für verrückt. Plötzlich gehörte ich nicht mehr dazu, nicht zu meiner Altersgruppe, zu nichts und niemandem. In dieser freundelosen Phase zog ich mich zurück, verlor mich in Gedanken, während ich vor dem Fernseher oder Computer saß. Ich war mit mir beschäftigt, meinem Körper und meinem Tagebuch. Heute denke ich, dass das eigentlich normal ist. Wir sind alle immer irgendwie Außenseiter. Aber einige sind weiter außen vor als andere. Und ich war lange ziemlich weit außen vor.«

Mortensen blickt mich an, halb wissend, halb mitleidig, vielleicht gilt das Mitleid auch ihm selbst. Seine tief liegenden Augen, nussbraun umrahmt von langen Wimpern, machen mich stets nervös.

In der Pubertät scheinen sich Intelligentsein und Beliebtsein auszuschließen, meint er. Und: »Eigentlich müssten wir Begabten das Spiel um Anerkennung und Status besser beherrschen. Wir sehnen uns doch auch danach.«

Ich fühle mich peinlich berührt, aber auch angegriffen in meiner mühsam zusammengesetzten Individualität. »Beliebt sein heißt gefällig sein. Das wollte ich nicht, also ließ ich es bleiben. Zumindest überwiegend. Vielleicht. Meistens. Generell ist beliebt sein eine aufreibende Tätigkeit. Die Welt verstehen war mir irgendwie wichtiger.« Mit diesem Satz schweifen meine Gedanken ab. Eigentlich wollte ich, also chloe.f.f.w, schreiben können wie Schiller und denken wie de Beauvoir. Oder reden können wie Herbert Wehner und mutig sein wie Kurt Schumacher. Oder Olympe de Gouges.

Im Kopf von chloe.f.f.w spielte dazu der »Marsch des Imperiums«. Großes schaffen! Intellektuell sein! Zur Gemeinde dieser heimatlosen Weltbürger des 20. Jahrhunderts gehören, um dann doch nur von Mozart ausgelacht zu werden. Ich muss kichern über mein junges, aufgewühltes Ich.

Davon verrate ich Mortensen nichts. Ich blitze ihn an. Er tippt aufgeregt Dinge in die Tasten. Mit wem er wohl spricht? Vielleicht mit Junto? Junto – sein Zweitname ist Mohammed – ist ein aufständischer Hacker im Nahen Osten. Mortensen erzählt gerne von ihm. Oder auch nicht, je nachdem, wie man es betrachtet. Auch Junto ist ein Außenseiter. Einer von den virtuellen Streichern in den Chaträumen dieser Welt. Sie vernetzen sich und planen Aktionen, um Regierungen zu stürzen, die Freiheit des Internets und der Menschen voranzutreiben. Sie sind in den unterschiedlichsten Kulturen aufgewachsen und haben doch die gleichen Werte und den gleichen Mut. Meistens kennt man ihre wirklichen Namen nicht, denn sie wollen keine Helden sein. Auch wenn sie wissen, dass sie welche sind. Auch Mortensen weiß das. Nutzen tut ihm das nicht viel. Außer dass Heldenaura attraktiv macht.

»Ich wollte immer anders sein als alle anderen«, sagt er, »nur um zu merken, dass ich nie so individuell und eigen bin, wie ich es sein möchte.«

Wir alle sind auf diese Lüge der Achtziger reingefallen. Außenseitertum ist ein Zustand, der für Einsamkeit, für Leiden, aber auch für Genialität, Kreativität und Wissenschaft steht. Für Kunst und Kultur. Für Krieg und Frieden! Würden wir tun, was wir tun, wenn wir nicht den Antrieb hätten, Großes zu schaffen?

Manchmal hat der Weg in das Außenseitertum sehr triviale Ursachen trotz großer Ambitionen. Bei mir waren es Allergien. »Weißt du, dass ich nicht vegan leben könnte, weil ich quasi gegen alles, was da übrig bleibt, allergisch bin? Außer Brot«, sage ich.

»Veganer sind auch seltsam. Letztens habe ich mit einem gestritten. Mir machen Menschen Angst, die ihr Leben nach einer bestimmten Idee ausrichten.«

»Ich wollte ja jetzt eigentlich über mich und meine Allergien jammern, wenn du gestattest!« Ich strecke Mortensen die Zunge raus.

»Jaja. Ist ja nicht so, dass mich nicht interessiert, wie du so irre geworden bist!«

»Danke. Ich war allergisch gegen so ziemlich alle befellten Lebewesen und Gräser, Pollen und Lebensmittel. Alle hatten Spaß, nur ich hatte Atemnot und tränende Augen. Na ja, zumindest zeigte mir das auf bittere Art und Weise die Grenzen des Menschen in der Natur. Die Natur war mein Feind.«

»Natur wird sowieso überbewertet. Diese Treehugger sind mir reichlich suspekt! Innerhalb geschlossener Wände vor einem Monitor fühle ich mich am wohlsten.«

»Ja. Am meisten Zeit habe ich tatsächlich vor Monitoren verbracht. Sind Bücher streng genommen nicht sogar auch Monitore, nur sehr, sehr, sehr analoge? Und der Fernseher erst! Egal. Hinter dem eigentlichen Monitor ist die Welt, die dieser Isolation Herr werden kann. Eine Welt, die mir damals und heute ermöglicht, auf allen Kontinenten Menschen, die leben und fühlen wie ich, zu finden. Menschen wie dich, Mortensen.«

Mortensen guckt mich an, als müsste er ausblenden, was ich ihm gerade erzähle. Unbeirrt spreche ich weiter: »Wieso wird man als Nerd oder Freak nur anerkannt, wenn man so aussieht, wie die amerikanische Popkultur es vorschreibt? Der Nerd trägt Brille und hat große Probleme mit seinem Körper und dessen Koordination. Seine Noten sind überdurchschnittlich gut, es sei denn, er hat eine Krankheit, die einen normalen Schulbesuch unmöglich macht und ihn in einer Plastikblase leben lässt – wie der Junge in »Big Bang Theory«, mit dem Sheldon unendlich zockt.

Und die anderen Nerds, die schlechte Noten haben und dauernd Pizza und Cola in sich reinstopfen, katalysieren ihre Aggression angeblich in Ego-Shootern. Diese Klischees machen mich wahnsinnig.«

Mortensen und ich sind uns einig, der von der Popkultur gezeichnete Nerd ist ein sozialer Idiot, der, wenn er überhaupt mal etwas sagt, Unwitziges oder Langweiliges von sich gibt – oder er schwafelt Unverständliches über Warp-Antriebe und 26 Dimensionen. Dabei reden wir darüber tatsächlich nur allzu gerne.

Ich lasse meinen Rücken wieder gegen die Wand knallen, Mortensen reicht mir den Joint. Er schweigt. Vielleicht beobachtet er auch den Typen auf der Tanzfläche. Vielleicht tun sie in seiner Phantasie aufregende Dinge. Ich weiß es nicht. Das Gras brennt in meiner Lunge.

Für einen Misanthropen wie mich war die Erkenntnis, dass die Welt hinter dem Monitor kontrollierbarer ist und einen weniger schief anguckt, ein Segen. Texte geben mir die Illusion, dass sie ausdrücken und tun, was ich will. Der Bildschirm ist zu meinem Vertrauten geworden, zur festen Konstante, zu meinem Freund. Ist das sehr creepy? Von außen betrachtet schien ich immer recht gut in die sozialen Gefüge meiner Umgebung integriert. Aber innerlich fühlte ich immer eine unendliche Distanz – zu jedem und allem. Ist diese Welt hinter dem Monitor, die man frei gestalten kann, die einen nicht verurteilt, sondern das, was man zu sagen hat, brav aufnimmt und verteilt, nicht so viel schöner? So viel echter? Diese Welt nimmt dich an, genau so wie du bist. Sie zwingt dich nicht, du zu sein. Sie vergisst für dich das Gefängnis deiner Geburt.

Mortensen lächelt. Er lässt mich stehen und geht jetzt auf den Tänzer zu. Ich suche mir eine stille Ecke. Mein Kopf explodiert. Ich zücke meinen kleinen schwarzen Schreibblock und schreibe in viel zu großen Buchstaben:

Die Geheimnisse und Abenteuer hinter dem nicht ganz schwarzen Monitor waren für mich der verborgene Schlüssel zum Wissen, der Notausgang aus einer Welt, in der ich leben, aber nicht atmen konnte. Lieber starrte ich auf Phosphor, Glas und Flüssigkristalle, die mit meinem Horizont zur Ewigkeit verflossen. Ich bin in gut bürgerlichen Verhältnissen aufgewachsen, in einem Reihenhaus am Rande einer großen Stadt. Die Mutter Hausfrau, die mir den »Steppenwolf« *zu lesen gab und Simone de Beauvoir. Der Vater Ingenieur und so rational geprägt, dass der Film* »Titanic« *nicht seine Seele berührte, sondern lediglich den Verstand, der ihm mitteilen ließ, dass es keinen Sinn mache, wie das Schiff da auseinanderbreche. Geschwister, die schöner und sportlicher sind, die in Freundeskreisen Mittelpunktrollen einnehmen, die – kurz gesagt – beliebt sind. Oder angehimmelt werden. Meine Schwester wurde schon mit elf von unserem Nachbarn ins Visier genommen. Von dem Nachbarn, in den ich mal unglücklich verliebt war. Natürlich. All die Abneigung, die sie von Frauen erfuhr, war immer nur Ausdruck von Neid auf ihre Wirkung auf Männer. Sie wurde gehasst für ihren kopflosen Umgang mit diesen. Auch ich war stets neidisch, war sie doch so viel beliebter als ich bei den Jungs. Die Jungs, in die ich verliebt gewesen bin, wollten meine Schwester, die eine gedankenlose Schönheit besitzt. So wie Audrey Hepburn. Nur mit mehr Glitzer. Eine Muse für die mutigen Männer. Für Männer wie meinen Bruder. Auch ihm lagen die potenziellen Geschlechtspartnerinnen immer schon zu Füßen. Oft stellte ich Anrufe durch von Mädchen mit leisen Stimmen und wirrer Aussprache. Langweilige Mädchen. Schön, aber langweilig. Vielleicht auch ein bisschen dumm. Also schön und dumm. Ich entwickelte die Formel, dass jede Frau, die schöner war als ich, irgendwie dümmer oder ungebildeter sein müsse. Mein Tagebuch färbte ich in Tiraden des Selbstmitleids. Jede Zelle meines Körpers lernte ich zu verdammen, während ich in Hochglanzblättchen darüber las, wie es berühmten Frauen ging, die so viel dünner waren als ich. Dünner und dümmer.*

Als ich aufwache, gehen die Lichter im Raum an. Sesemi blickt mich lachend an. »Was ist denn mit dir los? Wann hast du dich in diese Ecke verzogen? Hast du mitbekommen, wie Maya rumgebrüllt hat? Eine Szene hat die abgezogen.« Sie quietscht vor Vergnügen. »Ich weiß schon, warum ich die immer einlade. Ich mag sie ja nicht, aber sie sprengt Partys immer so furchtbar produktiv!«

Mehr ist ihr das Thema nicht wert. Mehr ist ihr auch die Unterhaltung mit mir nicht wert. Sie hilft mir hoch und schaut mich fragend an.

»Ach, ich bin down gegangen. Kennst du doch. Ist doch nicht das erste Mal.« Meine konstant anstrengende Auseinandersetzung mit Maya hat Sesemi wohl vergessen. Gut, dass ich sie verpasst habe. Ich schaue mich um. Die Luft ist schmutzig, ebenso meine Haare. Meine Haut ist strapaziert und rau, meine Augen kleben leicht zusammen. Außer Sesemi und mir sind noch zwei volltrunkene Typen da, die in der Mitte des Raumes zur Musik in ihrem Kopf tanzen. Ob sie wohl das Gleiche hören, frage ich mich. Mein mobiles Endgerät sagt mir, dass Mortensen nicht alleine nach Hause gegangen ist. Außerdem sehe ich eine Nachricht von Leonard: »Wo bist du?« Das fängt ja gut an. Und anx hat sich doch nicht mehr blicken lassen. Glaube ich. Ich habe mal wieder die ganze Party verpasst. Mir gefällt das. Ich sehne mich nach meinem Computer, um die Ergüsse der letzten Nacht zu redigieren. Zu Hause tippe ich in 45 Zeichen: *Außenseiter auf Partys von Außenseitern: Ich.*

Mein Tagebuch dürfen alle lesen

> *tl;dr: Gedanken sind nur geheim, solange sie in deinem Kopf sind. Das weißt du spätestens, wenn deine Mutter in deinem Tagebuch gelesen hat. Im Netz wirst du immer beobachtet. Und was im Internet steht, können theoretisch sieben Milliarden Menschen sehen. Auch wenn es deine Seele ist. Deshalb: Schreibe im Internet nichts, was du anschließend lieber zerreißen und im Klo runterspülen würdest.*

25. Mai 1998. chloe.f.f.w schreibt in ihr Tagebuch: »Mein Leben ist eine Katastrophe. Ich hasse es, mich, alles, alle. Aber vor allem hasse ich meine Mutter. Ihre Neugier, ihre Fragen, ihre ganze Art. Jeden Tag nervt sie mich. Ich hasse sie. Hasse sie. Hasse sie. Ich will ins Internat!!!!!!!!!«

Seitenlang geht es so weiter. Damals waren ihre Tagebucheinträge noch analog. Handschriftlich und in Diddl-Heften, ohne Schloss. Einmal las ihre Mutter darin, versuchte einen Blick in die Seele der früh pubertierenden Tochter zu werfen.

Schon damals begann in chloe.f.f.w die Vermutung zu reifen, dass geheime Gedanken nur in ihrem Kopf geheim sind, dass sie nur so lange geheim sind, solange sie nicht aufgeschrieben sind. Kurze Zeit später tippte chloe.f.f.w die ersten Seelenschmerzen in die Tasten und suchte in Foren wie http://www.kummer-sorgen-forum.de Menschen, die ähnlich verloren waren wie sie.

Noch hatte kaum jemand dieses Biotop der freien Gedanken entdeckt, noch konnte sie ihren Herzschmerz unbesorgt und anonym in die digitale Welt schreien. Wenn sie verliebt war, versteckte sie ihre Sehnsucht auf irgendwelchen Internetseiten, die niemand finden sollte, der sie kennt. Die unerreichbare Liebe nicht, die, die sie verspotten oder bloßstellen wollten, auch nicht. Und dennoch hatte sie die Hoffnung, Leser zu gewinnen, die ihre Worte betroffen machten, die ihr Mut zusprechen konnten, weil sie sich genauso fühlten. Und das passierte regelmäßig.

Was denken Fremde, wenn sie einen Blick auf meine Seele werfen dürfen, ohne mich und meinen Kontext zu kennen? Geheime Gedanken sind nur im Kopf geheim. Oder auf unbekannten Internetseiten.

Über die Zeit ist im Internet ein virtuelles Tagebuch entstanden. Bei Weitem nicht alle Einträge sind nachvollziehbar, nur ich weiß, wo ich sie finden kann. Ich schwelge in den Gemütszuständen meiner Vergangenheit und durchforste mein digitalisiertes Innenleben. Klicke ich mich durch mein altes Ich, erschrecke ich angesichts der Tatsache, dass mein heutiges Ich diesen Gedanken so fern und gleichzeitig so nah ist. Soll ich alle Einträge auf meinem jetzigen Blog veröffentlichen? Sind mir jades Ergüsse aus dem Jahr 2007 peinlich?

So geht es nicht weiter! Ich muss was tun. anx ist mir keine große Hilfe. Er weiß so gut wie ich, dass wir unser Leben verschwenden. Wir leben das Leben einer digitalen Boheme mit dem Geld der Eltern oder ab und an sogar einem Job. Wir leben frei und doch immer unterhalb unserer Möglichkeiten. Ohne äußeren Zwang. Wir nehmen Drogen und feiern die Nächte durch. Wir schlafen am Tag und sind stolz darauf, dass wir unser Leben verprokrastinieren. Dabei scheuen wir Verantwortung. Warum auch nicht? Es geht ja. Ich fühle mich oft an wohlhabende Kinder einer anderen Zeit erinnert, die den Reichtum der Eltern verprassten, in Casinos, in Opiumhöhlen. So sind wir. Aber wir sind viel mehr. Wir sind nicht mehr die armen Kinder reicher Eltern. Wir sind die Mehrheit.

In einer Welt, in der alles relativ ist, gibt es nur die Resonanz anderer Menschen. Und sei sie noch so negativ. Nur sie ist noch greifbar, wenn nichts mehr bestimmt ist. Die Reaktionen auf die eigenen Geständnisse, auch die abgründigen, die fiesen, die beleidigenden, erinnerten jade daran, dass sie lebt. Sie sind die Brüche im Dunst der Beliebigkeit. jade befindet sich irgendwo zwischen Aufmerksamkeitssucht, der Bestätigung, dass sie nicht verrückt ist, und dem Glauben an die größte Selbstlüge: Je mehr ich von mir preisgebe, desto eher verstehen mich die Menschen, verstehe ich mich selbst. Die eigenen Sorgen in die digitale Welt zu schreiben kann sehr wohltuend sein. Teilen macht Sorgen nicht weniger, aber doch deutlich erträglicher. Denn alles Geschriebene steht immer in Bezug zu anderen, die verstehen und auffangen.

Ich weiß, dass das alles schon geschrieben wurde. Aber es ist immer noch wahr. Die Sehnsucht nach Strukturen, die Orientierung geben – sie verfolgt uns. Und ein Monitor gibt mehr Struktur als die Realität.

Ich frage mich, ob diese Form der Blog-Therapie wirklich notwendig ist, ob man sich nicht einreiht in eine Betroffenheitskultur, die sich nur am eigenen Ich und den individuell auftretenden Leiden ergötzt, sich im Unschönen der Vergangenheit vergisst. Zugleich hielt jade offline die Angst, Menschen zur Last zu fallen, davon ab, über das zu sprechen, was sie wirklich umtrieb.

Nicht darüber zu sprechen, was einen wirklich berührt, macht krank, und im weltweiten Informationsnetz bricht dieses Kranksein aus. Gnadenlos. Deswegen sind die Plattformen, die Menschen vernetzen, auch so beliebt. Sie sind ein Sammelbecken für die Herumtreiber, deren Seele nach Mehrsamkeit sucht.

Kann man alles veröffentlichen? Wird die Selbstbeobachtung nicht vielmehr zum Zwang? Es gibt nur

Schwarz und Weiß im gnadenlosen Scheinwerferlicht der Internetöffentlichkeit, sei sie noch so unbedeutend. Jeder Schritt wird analysiert. Jeder Gedanke, jede Aussage entscheidet plötzlich darüber, ob der Rubikon überschritten wurde. Die Empörung immer im Nacken. Die Folge ist eine intensive, vielleicht zu intensive Innenschau. Man wird leicht zum Objekt der eigenen Psyche – und zum Sklaven der Vorstellungen, wie man von anderen gesehen werden will.

In solchen Momenten der Reflexion kommt Maya ins Spiel. Wir sind Freunde. Eigentlich. Denn wir sind auch Konkurrenten. Nicht um Männer, sondern vielmehr um Individualität. Die Männer haben es nur verschärft. Der Auslöser für den ersten echten Streit war trivial, aber entscheidend, denn Mayas Art, sich auf Kosten anderer in Szene zu setzen, ist ein Problem. In regelmäßigen Abständen nutzt sie Indiskretionen, um mich vor einer Gruppe Menschen herabzuwürdigen. Sie verkauft es dann als Witz. Blicke ich heute darauf zurück, würde ich gerne lachen. Sie ist immer da, auch wenn ich sie nicht sehen will. Sie ist nur einen Klick entfernt. Als sie mit Christian zusammenkam, starrte ich am Tag mehrfach auf ihr Profil, verfolgte ihre Spuren, die sie auf anderen Profilen hinterließ, suchte nach Mustern, nach Erkenntnissen. Und wenn wir uns dann trafen, tat ich völlig unbedarft. Wir sind ja Freunde.

Dabei verfolgt sie mich in den digitalen Sphären so,

wie ich sie verfolge. Warum? Weil es geht. Maya antwortet zum Beispiel auf mich, indem sie in einem ihrer digitalen Profile bei Twitter oder sonst wo eine Andeutung macht. Die andere muss immer im Bewusstsein haben, dass sie beobachtet wird. Manchmal ergänzt sie beispielsweise als ihre Lieblingsfilme exakt diejenigen, die ich einige Tage zuvor als die schlechtesten Filme aller Zeiten bewertet hatte. Manchmal fügt sie einen Film hinzu, den ich dann gucke, um wiederum in 140 Zeichen zu elaborieren, warum jener Film eine Katastrophe sei. Sie liest alle Nachrichten von laprintemps, und ein bisschen schreibt laprintemps diese Nachrichten auch für Maya. Und laprintemps glaubt, dass Maya das Gleiche tut. Die digitalen Profile sind die Schaufenster des Ich, in dem jede noch so blasse Identität zum Ich^2 getunt werden kann. Manchmal tut Maya im Gespräch so, als wüsste sie nicht, was laprintemps am Tag zuvor gepostet hat. Und andersrum.

Digitale Kommunikation schürt schnell Erwartungen, die nicht zu erfüllen sind. Da braucht sich nur eine von uns mal wieder in der natürlichen Latenz der Internetkommunikation vernachlässigt fühlen. (Trotzdem verläuft eine solche Eskalation in der körperlosen Welt anders, denn auch der Unmut wird gefiltert. Wie oft schon weinte ich am Telefon, ohne dass es der andere merkte?) Nicht selten läuft die Kommunikation über Bande, im Indirekten. Meint sie nun mich?

Spricht sie mich an? Will sie das? Oh, bestimmt meint sie nicht mich. Aber wen denn sonst? Unkonkrete Häme und Hetze verletzen diejenigen, die sich angesprochen fühlen. Auch wenn sie nicht gemeint sind. Wie ein Hintergrundflackern, das immer wieder aufflammt, aber nicht zuzuordnen ist, macht es paranoid. Und still. Schließlich ist einsam, wer alles auf sich bezieht.

Die unadressierte Demütigung kann jederzeit zuschlagen, den Tag aus den Angeln heben und den Selbstwert vollständig entleeren. Diese unbestimmte Angst, jeden Tag mit Angriffen konfrontiert zu sein, macht so mürbe wie der ständige Versuch, die Konfliktlinien, die sich im Unbestimmten verstecken, zu detektieren. Zwischen berechtigter Kritik und Verschwörungstheorien versteckt sich alltäglicher Ärger, Frust und Neid. Und manche schreien diese Abgründe in den Raum. Obwohl die Person, die angesprochen ist, neben ihnen steht.

– Wie geht's? (Mein Instant Messenger blinkt und reißt mich aus meinen Gedanken. Mortensen.)

– Schlecht :)

– Was los?

– (Ja, das frage ich mich auch.) Macht doch alles keinen Sinn.

– Ich würde dir ja jetzt sagen, dass alles gut wird und so. Aber an dir prallt ja alles ab.

– Sowieso. Bin wie unter einer Glasglocke, die alle

Gefühle abschirmt. Einfach überfordert. Jeden Tag bricht die Welt über mir zusammen. Jeden Tag verzweifle ich an den Möglichkeiten und der Arbeit, die keiner macht. Auch ich nicht! Ich bin nutzlos. Was tue ich denn? Ich konserviere, dokumentiere. Mehr nicht. Ich sehe diese Welt neben mir in den Abgrund gleiten und kann nichts tun.

– Hat anx sich gemeldet?

– Ja, war ja zu erwarten. Ach, ich will sowieso nicht. Verdammt. Egal. Alles egal. Ich bin mal weg.

Ich gehe offline, ohne eine Reaktion von Mortensen abzuwarten. Ich öffne mein Schreibprogramm und beginne zu tippen:

Diese Welt überfordert mich. Mit ihrer Tendenz, alles Schöne mit seltsamen Wahrheiten oder das, was wir als solche verstehen, kaputt zu machen. Alles hat immer einen bösen Ursprung oder böse Folgen, entweder hat es den Nazis in die Hände gespielt oder den Kommunisten, hat Massenmörder hervorgebracht oder verharmlost. Alles ist falsch, alles ist verrottet, alles ist relativ. Nichts genießbar, denn Genuss setzt Unwissen voraus. Aber Unwissen wird in unserer Zeit zum Verbrechen. Sind wir uns nicht bewusst über die Umstände, unter denen die Produkte gefertigt werden, die wir konsumieren? Sollten sie uns nicht bewusst sein? Es steht doch alles geschrieben! Alles. Und es ist al-

les verfügbar, in Daten komprimiert. Wir werden überholt von einem beschleunigten Wissen, das uns jederzeit eine Rechtfertigung abverlangen kann. Es ist ja schließlich da.

Wie oft habe ich mir gewünscht, ignorant sein zu können, dumm oder gar stumm. Eine Art Attrappe in einer Welt, die ich mehr verstehe, als mir lieb ist. Unentdeckt, unwissend, unschuldig.

Natürlich gibt es Fortschritt, sogar gesellschaftlichen. Mit meiner Familiengeschichte wäre ich wohl vor 150 Jahren Milchbäuerin geworden. Besser: die Frau eines Milchbauern. Ich hätte viele Kinder geboren oder wäre verstoßen worden, wenn ich nur Mädchen auf die Welt hätte bringen können oder wollen. Oder wäre direkt im Kloster gelandet. Zu anderen Zeiten im Gulag. Und heute? Schreibe ich und ertrinke in Weltschmerz. Als Milchbauersfrau wäre ich bestimmt glücklicher gewesen. Wobei das auch nur eine Illusion ist. Mein Ehemann wäre stinkend und schwitzend aus dem Stall gekommen, ich hätte ihm stets zur Verfügung stehen müssen und generell wären meine Gefühle irrelevant gewesen. Sind sie das nicht immer noch?

Meine Kopfschmerzen sind während des Tippens stärker geworden, die Gedanken haben sich gewehrt, meinen Kopf zu verlassen. Die Menschen reagieren auf meine Geständnisse, das weiß ich. Sie lieben Boulevard, Drogen und Abgründe. Wieso will ich ihnen das liefern? Kann ich das überhaupt? Sollte ich nicht besser einen Platz im Elfenbeinturm buchen? Sollte die Öffentlichkeit mich nicht kaltlassen? Unmöglich. Zwar verletzen mich der Spott und der Hohn, die Angriffe auf meine Person, trotzdem lebe ich von der Auseinandersetzung mit den anderen, die geprägt ist von indirekter Konfrontation. Jeder Satz, jedes Adjektiv kann schlagfertig und gewitzt wirken, keiner weiß, wenn Stunden darüber gebrütet wurde. Es blickt mich aus jedem Profil nur ein imaginärer Mensch an, der sich in meinem Kopf befindet und dem ich willkürlich Verhalten unterstellen kann. Unsere Interaktion wird dadurch egozentrischer und intensiver, denn ich kommuniziere nicht mit einem Menschen – ich kommuniziere mit einem Monitor. Und dieser Monitor ist so herzlos, wie ich ihn brauche, um meine Seele in die digitalen Sphären zu kippen.

Wie Jack the Ripper mich das Leben lehrte

tl;dr: Weil ich in einer heilen Welt aufwuchs, lernte ich das Böse nicht kennen. Also forschte ich im Internet danach. Das lässt einen vielleicht nicht schlafen, aber ein Kettensägenmörder wird man deswegen nicht. Deshalb sind auch die Diskussionen um Jugendschutz Quatsch.

Im Jahr 1995 führte ich ein Gespräch mit meiner Mutter, das mein Leben nachhaltig veränderte. Es ging um Wahrheit, Massenmorde und Hitler. Übliche Themen für Grundschulkinder also. Ich verbrachte damals meine Zeit gerne bei Bekannten, einem Künstlerehepaar. Ich liebte die Farben und die Pinsel und fand es aufregend, ein Bild beim Entstehen zu beobachten. Eines Abends erzählte ich, was ich am Nachmittag aufgeschnappt hatte: vom Künstler Adolf Hitler und seinen kleinen Bildern.

»Du kennst den, oder?«, fragte ich meine wohl leicht verdutzte Mutter. Als ich dann mit voller Ernsthaftigkeit erklärte, dass die Juden selbst schuld gewesen seien, dass Hitler versucht hatte, sie auszurotten, wurde sie bleich. Die Begründung, dass die Juden ihn schließlich bei der Kunsthochschule abgelehnt hatten, wirkte nur für mein unwissendes 9-jähriges Ich plausibel. Und für die Künstlerin, die mir diese Geschichte ins Bewusstsein hatte pflanzen wollen. Das folgende Umgangsverbot war nur konsequent, und als meine nervtötenden Warum-Fragen nicht aufhörten, erzählte mir meine Mutter vom Holocaust, dem Zweiten Weltkrieg und was die Nazis wirklich getan hatten. Ich erinnere mich kaum noch daran, ob ich betroffen war, ob ich mich schämte oder innerlich widersprach. Jedenfalls war dieses Gespräch der Startschuss für ein unbändiges Interesse an Nationalsozialismus und Holocaust. Ich las von Dachböden, rosa Kaninchen und Massengräbern. Von Gaskammern und Panzern. Ich sprach mit meiner Großmutter, die mir von Essensmarken und Bombenlärm erzählte, von ihrer toten Familie. Niemals redeten wir über das, was ich erst Jahre später erfahren sollte, als ich ein Foto meines Großvaters in Uniform sah, mit einem Hakenkreuz auf der Armbinde.

Zunächst reichten Gespräche und Bücher, um meinen Wissensdurst zu stillen, doch irgendwann – immer noch lang bevor dieses Kapitel der deutschen Geschichte im Schulunterricht auftauchte – begann ich, alle Fragen zuallererst dem Internet zu stellen. Ich surfte in den langsamen Sphären des sich entwickelnden WWW und stieß dabei nicht nur auf die Nazis, die sich mittlerweile in meinem Kopf zum »Inbegriff des Bösen« gemausert hatten. Ich fand Seiten, die sich ausschließlich mit Massenmördern beschäftigten, und fragte mich: Wer waren diese Menschen? Was hatten sie getan? Und wer waren ihre Opfer? Wie waren sie so geworden, wie sie waren? Wie hatten sie einfach Menschen töten können? Warum?

Mit einem Klick war chloe.f.f.w im Kopf von Jack the Ripper. Sie wanderte nachts mit ihm durch die dunklen Gassen des heruntergekommenen Londoner Stadtteils Whitechapel, auf der Suche nach jungen Prostituierten. Jahrelang war das Bild eines huschenden schwarzen Umhangs immer wieder in ihren Albträumen vertreten. Auch den Leben der Straßendirnen spürte sie nach, wie sie in den dreckigen Etablissements ihren Lebensunterhalt zu verdienen versuchten. Wie sie mit alten, widerlichen Männern Dinge tun mussten, die sie nicht tun wollten.

Ihr Ekel gegenüber diesen Männern, auch gegen Jack the Ripper, der einer von ihnen war, verstieg sich bei ihr nicht selten zu körperlichen Reaktionen, zu Angst in der Nacht oder Furcht vor Männern. Ihr eigener Körper wurde ihr unheimlich. Nächtelang lag sie wach und versuchte zu verstehen, wie eine Welt ausgesehen haben mochte, in der ein Mädchen wie sie keine eigenen Entscheidungen treffen durfte. Die Faszination für Whitechapel und die damit verbundenen Abgründe ließen sie nicht los. Doch warum Whitechapel? Was war das für eine Gesellschaft? Sie klickte sich also weiter durch das historische Schwarzbuch der westlichen Moderne, saugte Informationen auf, ohne die Zusammenhänge zu verstehen, ohne sie sich merken zu können.

Sie stopfte sich Informationen in den Kopf, welche mal hängen blieben, mal unverdaut wieder ausgespuckt wurden. Sie stieß auf Frankreich und dessen koloniale Vergangenheit. Ihr Zorn, ihre Angst vor Ausbeutung, Krieg und Ungerechtigkeit wuchsen mit jedem weiteren Klick und Blick auf eine Geschichte, die sie sich anzueignen hatte, wollte sie ohne Ignoranz in ihr leben, wollte sie in einer freien Welt leben.

Das England des 19. Jahrhunderts kannte sie aus Gemälden, bald schon verfolgten sie jedoch Fotografien der Kriege des 20. Jahrhunderts. Immer und immer wieder betrachtete sie tote Menschenkörper, ausgezehrt, zerschlagen und voller Verzweiflung im Ausdruck. Das Leid machte sie betroffen und nährte ihren Gerechtigkeitssinn. Wer waren die Menschen, die Schuld an diesem Leid hatten? Sie spürte den Lebensläufen der Täter nach, untersuchte ihre Sozialisation, ihre Erlebnisse, ihre Überzeugungen. Warum?, pochte es unaufhörlich in ihrem Kopf. Warum?

chloe.f.f.ws Wissensdurst trieb sie noch tiefer in die virtuellen Abgründe, denn sie lernte: Es ist alles im Internet. Es ist da, du musst es nur suchen. Und finden. Das Internet beantwortet Fragen und stellt gleichzeitig neue. Es inspiriert zu Entdeckungen. Jeden Tag setzte sie sich an den Computer im Keller, klickte eine Verbindung zum Internet, öffnete den Browser und tippte Begriffe und Fragen in die Suchmaschine, die ihr einfielen. Und bekam Antworten. Diese eine Verbindung war alles, was sie brauchte. Anschalten, anklicken, verbinden, Dinge eintippen. Und eine aufregende Welt erleben. Danke, liebes Internet!

Fünfzehn Jahre später gehe ich zu einer Podiumsdiskussion über Jugendschutz im Internet. Als Zuschauerin. Mortensen sitzt auf dem Podium.

Hastig teile ich meinem digitalen Schwarm mit:

Die Kommission für Jugendmedienschutz der Landesmedienanstalten (KJM) hat geladen. Mal schauen, wann ich einschlafe.

Der Jugendschützer ist ein rüstiger Herr mit grauem Haar und fester Stimme. Jugendschutz ist meist das Codewort dafür, dass jemand die Freiheit auf den Datenautobahnen einschränken will. Er scheint ein Vertreter der KJM zu sein. Oder so. Ich höre nicht richtig zu. Diese Diskutanten sind in meinem Kopf alle Mitglieder der CDU/CSU.

Neben ihm sitzt Mortensen, er will uns vor den Jugendschützern schützen, was er mit der passenden T-Shirt-Aufschrift deutlich macht. (Keine Macht den Jugendschützern!) Es moderiert die einzige Frau auf dem Podium, Journalistin bei einem Technikmagazin oder *Spiegel Online*. Neben Frau Journalistin sitzen ein Medienpädagoge und ein Vertreter der Sozialdemokraten, die immer für Verständnis bei der radikalen Netzgemeinde werben – Politik sei nun mal komplizierter, als einfach Nein zu sagen. Das Publikum, mit mir als präventiv gelangweiltem Teilnehmer, wartet gebannt, ob sich im Austausch der Argumente neue Erkenntnisse zutage fördern lassen.

(Spoiler: Am Ende wollen alle Medienkompetenz.)

»Es ist kaum möglich, anders als im Supermarkt oder der Videothek, eine solide Altersverifikation im Internet durchzusetzen. So ist es bereits Kleinkindern möglich, Pornographie und politische Ausreißerpositionen kennenzulernen, in einem Alter, in dem dies ausschließlich schädlich ist. Jugendliche haben ein verfassungsrechtliches Recht auf ungestörte Persönlichkeitsentwicklung!« Der Jugendschützer legt gut los.

Ich verdrehe die Augen und tippe in mein mobiles Endgerät an meine Follower: *Jugendschützer will Jugendliche vor Kapitalismuskritik im Internet schützen. Oder so. #kjm #dialog*

Wieder werden Filterprogramme und Netzsperren gefordert.

Mortensen antwortet: »Um Sperrungen effektiv handhaben zu können, müsste das Internet ganzheitlich umstrukturiert werden und insbesondere seine grundsätzliche Struktur, nämlich die dezentrale Vernetzung von Computern, aufgegeben werden. Vielleicht begreifen Sie es ja jetzt endlich, nach all diesen Diskussionen: Die dezentrale Struktur verhindert Ihre Vorstellungen von Jugendschutz. Entweder Sie machen es wie in China, wo Zehntausende das Netz durchforsten und Klick, Klick, Klick unliebsame Inhalte beseitigen, oder wir überlegen uns was anderes.«

Der Jugendschützer antwortet trocken, dass ihm eine restriktive Handhabung lieber sei als gar keine.

Da sich die Debatte auf diesem Niveau bewegt, schicke ich ein paar Minuten später in das Weltnetz: *Jugendschützer hält Diktatur für weniger schädlich als Pornographie. #kjm*

Die Moderatorin leitet jetzt den zweiten Teil ein:

– ... es soll jetzt darum gehen, was für Jugendliche letztlich gefährdende Inhalte sind. Was genau beeinträchtigt ihre Entwicklung?

– Mortensen: Die Logik ist klar. Menschen, die nicht wählen dürfen, sollen auch keine Pornos gucken!

Lautes Lachen im Saal.

– Der Medienpädagoge: Gefährdende Inhalte – das ist eine falsche Wendung. Es geht darum, dass alle Elemente unserer Gesellschaft im Netz leichter zugänglich sind. Das gilt auch für die problematischen: Gewalt und deren Verherrlichung, exzessive Sexualität, menschenverachtende Äußerungen. Allerdings verschwinden diese Inhalte ja nicht dadurch, dass wir eine Sperre einbauen beziehungsweise den Zugang erschweren. Besonders nicht außerhalb des Netzes. Ich sprach ja bereits von blindem Aktionismus. Der Kernpunkt ist, dass wir Kinder beim Erkunden des Netzes begleiten müssen. Statt eines staatlichen Filterzwangs und vermeintlicher Selbstkontrolle brauchen wir eine umfassende Betreuung der Kinder und die Möglichkeit, dass sie eventuell traumatisierende Konfrontationen aufarbeiten können. Wenn sie Fragen haben oder sich austauschen wollen, müssen wir ihnen die Möglichkeit geben, dies vertrauensvoll zu tun. Wir müssen ihnen Impulse von außen gestatten. Unsere Aufgabe ist es dann, sie aufzufangen und das Erlebte mit ihnen zu verarbeiten. Die veränderten Bedingungen für Jugendmedienschutz müssen gesellschaftlich analysiert werden. Gleichzeitig müssen tragfähige Alternativen entwickelt werden.

– Der Jugendschützer: Medienpädagogik ist kein Jugendschutz! Jugendschutz bedeutet …

– Mortensen: … dass alte Männer darüber entscheiden, was Jugendlichen schaden könnte. Jugendliche können mit 16 in den Knast wandern, aber sind zu doof, um Nazis zu erkennen? Sollen wir unseren Kindern und Jugendlichen vorschreiben, was sie lesen und hören sollen? Am besten noch, was sie denken sollen? Ich frage mich auch, von welchen Inhalten wir hier reden? Dass Kinder beziehungsweise Menschen allgemein keine Videos sehen sollten, in denen Menschen abgeschlachtet werden, leuchtet mir ein, aber: Wo fängt denn der Schutz an und wie alt sollen Kinder sein? Sie können doch 17-Jährige nicht mit 8-Jährigen vergleichen.

Mortensen wird nun ernst, denn Bevormundung löst bei ihm allergische Verbalreaktionen aus. Der Jugendschützer holt abermals zum Schlag aus, wird jedoch von dem Politiker überholt, der sich ausschweifend zum Primat der Politik äußert, zu den Sorgen der Eltern und der Gefahr des Netzes. Eigentlich wiederholt er nur, was wir schon gehört haben. Ich höre nicht mehr zu und lese lieber, was meine Bekannten in den sozialen Netzwerken so schreiben. Doch plötzlich hat die Diskussionsrunde meine Aufmerksamkeit wieder.

– Die Moderatorin: Das grundlegende Problem ist, dass Deutschland seine nationalen Gesetze nicht auf das internationale Medium Internet anwenden kann, ohne dabei …

– Der Medienpädagoge: Vor allem dürfen wir nicht den Fehler machen zu glauben, dass das Internet gleich dem Rundfunk zu regulieren sei. Besonders Vertreter meiner Generation, aufgewachsen mit monodirektionalen Medien, vergessen, dass in den digitalen Zeiten jeder zum Sender und Empfänger wird. Die Kontrolle der Sender kommt somit einer Kontrolle der Bevölkerung nahe.

Hach, denke ich mir, ich mag den alten, grauhaarigen Medienpädagogen. Die Moderatorin interpretiert das Schweigen als Ende, verzichtet auf eine redundante Zusammenfassung und eröffnet stattdessen die Fragerunde, die genauso redundant ist wie die ganze Diskussion. Ich nutze die Gunst der Stunde und verlasse den Raum. Ich fühle mich in meiner Abneigung gegen Podiumsdiskussionen bestätigt. Nächste Woche mache ich es besser.

Flirten lernen mit Pädophilen im Teenchat

> ***tl;dr:*** *Die Tatsache, dass ich zuerst digital entjungfert wurde, machte Flirten und Sichverlieben im analogen Leben nicht unbedingt einfacher.*

Mit 13 oder 14 entdeckte chloe.f.f.w das anonyme Chatten. Es trieb sie, oftmals zusammen mit ihren Freundinnen, in Chaträume wie »Zauberwald« und »TeenSpirit«, die weniger anrüchig klangen, als sie waren. Ihr war immer bewusst, dass sie in den Sphären des Chats wachsam sein musste und vor allem nicht glauben durfte, was ihr irgendwelche Identitäten erzählten. Oft redete sie mit Tobi17, der sie entjungfern wollte, oder Alex15, der mit ihr in einen Privatraum gehen wollte. Manchmal ging sie mit und las von den wilden Sexphantasien wahrscheinlich erwachsener Männer oder hochpubertierender Jungs. Oder Frauen?

Wie sie ihr die Vagina rasieren oder an ihren Zehen lutschen wollten; ihre Brüste anfassen und ihr den Hintern versohlen, sie zum Schreien und Tropfen bringen wollten. Dabei kicherte sie in sich hinein oder lachte schallend mit ihren Freundinnen vor dem Computer. Manchmal war sie auch peinlich berührt oder gar erregt, aber die Tatsache, dass sie immer den

Stecker ziehen konnte, wenn sie das wollte, gab ihr Sicherheit und Kontrolle. Ihren echten Namen oder ihre Adresse gab sie nie an, stattdessen war sie sehr kreativ, wenn es um das Erfinden von Identitäten ging. Die wechselnden Ichs waren nicht nur durch Kennzeichen wie Name, Kontaktdaten, Geburtstag und -ort und körperliche Merkmale charakterisiert, sondern auch durch geschilderte Erfahrungen, Ansichten und Lebensumstände.

Mal schlüpfte sie in die Rolle des mittellosen Arbeiterkindes, dessen Eltern sich getrennt hatten, weil Fernfahrerpapi von Nagelstudiomutti mit dem Kegelklubfreund betrogen wurde. Oder sie lebte im Ausland und war das einsame Kind eines saudischen Scheichs auf einer weitläufigen Farm mit goldenen Armaturen und musste Deutsch lernen, weil ihr Vater glühender Anhänger Hitlers war. Oder sie war ein naives Pferdemädchen auf der Suche nach der Online-Ausgabe von *Wendy*. Manchmal begriff sie sich als kommunistischer Provokateur oder widersprach einfach jeder Aussage, unabhängig von ihrem Gehalt. So lernte sie, ein Troll, ein destruktiver Internetbenutzer, zu sein.

Einmal traf sie sich mit einem aus diesem Internet. Er war tatsächlich in ihrem Alter und sie verabredeten sich in Begleitung von Freunden auf einem Jahrmarkt. Dabei funkte es verwirrenderweise zwischen chloe.f.f.w und dem Kumpel des Typen, den sie anschließend dann doch per SMS abservierte und dessen folgende Kontaktversuche sie ignorierte. Abschalten ist immer einfacher.

1998, chloe.f.f.w befindet sich bei http://www.chatcity.de und tippt ihre Begrüßung ziellos in den Raum hinein.

[18:44:21] Arielle13: Hallo?
[18:44:46] Einfühlsam16: Oh, hallo Arielle13. Habe auf dich gewartet
[18:46:23] Arielle13: ?
[18:48:09] Einfühlsam16: ich weiß was du morgen machst
[18:48:27] Arielle13: ich nicht
[18:48:36] Einfühlsam16: ich aber
[18:48:43] Arielle13: ?
[18:49:14] Einfühlsam16: na du liegst mit mir am stran von malediven und lässt dich von mir verwöhnen
[18:49:17] Einfühlsam16: +d
[18:49:29] Arielle13: als ob m)
[18:49:42] Einfühlsam16: xD
[18:50:56] Arielle13: was geht denn mit dir? wtf?
[18:51:49] Einfühlsam16: momentan schreib ich mit ner tollen frau
[18:52:11] Arielle13: achso. ich bin aber scheiße und häßlich.
[18:53:03] Einfühlsam16: ich auch passt doch

[18:53:10] Arielle13: :D

[18:54:33] Einfühlsam16: ach ja bevor ichs vergesse

[18:54:44] Einfühlsam16: Kevin ist der name deines zukünftigen

[18:55:08] Arielle13: danke für diese weissagung!

[19:03:44] Arielle13: und, biste ein echter mann oder ne frau?

[19:04:05] Einfühlsam16: ich denke mal männlich ja warte ich schau mal

[19:04:10] Einfühlsam16: ja definitiv mann

[19:05:58] Arielle13: und was denkste dir eigentlich dabei, menschen abzuschreiben und ihnen versprechungen auf die malediven und zukunftsvorhersagen zu machen

[19:06:11] Arielle13: anzuschreiben

[19:06:12] Arielle13: :D

[19:07:23] Einfühlsam16: na ich denke mir dabei das ich mit dir nach malediven fliegen möchte^^

[19:07:45] Arielle13: bezahlst du?

[19:08:13] Einfühlsam16: ja na logisch

[19:08:17] Einfühlsam16: alles inklusive

[19:08:36] Arielle13: ja, aber ich zu fett für einen bikini

[19:08:56] Einfühlsam16: ja na wir besorgen dir nen passenden xxl anzug ok

[19:09:06] Arielle13: das ist lieb.

[19:09:17] Einfühlsam16: tja das bin halt ich baby

[19:09:40] Einfühlsam16: ausserdem liegt die dicke im auge des betrachters^^

[19:09:55] Arielle13: ja ne.

[19:10:33] Einfühlsam16: aber mal ehrlich du bist nich dick stimmts

[19:10:51] Arielle13: nee. hab aber nen Damenbart.

[19:11:18] Einfühlsam16: das is a cool...ich steh auf frauen mit behaarung:D

[19:11:23] Arielle13: yeah geil!

[19:11:42] Einfühlsam16: haste auch Haare unter den Armen?

[19:11:52] Arielle13: da flechte ich mir zöpfe rein

[19:12:10] Einfühlsam16: geil ich liebe lange axelhaare

[19:12:13] Einfühlsam16: +g

[19:13:05] Einfühlsam16: nee mal ehrlich jetzt

[19:13:12] Arielle13: ja ok, jetzt mal ehrlich

[19:13:47] Einfühlsam16: hast bestimmt ein schönes gesicht

[19:14:12] Arielle13: ja ok, mal ehrlich. ich bin schon ne hübsche.

[19:14:31] Einfühlsam16: ja na ich bin ja auchn richtig hübscher

[19:14:42] Arielle13: ja das freut mich. und nun?

[19:15:04] Einfühlsam16: nun sagst du mir wann ich dich abholn soll zum flughafen

[19:15:18] Arielle13: wo wohnst du denn?

[19:16:34] Einfühlsam16: Schleswig-Holstein

[19:16:41] Arielle13: tja. pech ne. Ich wohne woanders.

[19:16:57] Einfühlsam16: ja aber mein flieger nach malediven geht morgen wieder
[19:17:20] Arielle13: ja geil viel spaß
[19:17:27] Einfühlsam16: hab da ne kleine villa
[19:17:55] Arielle13: ja nett. und du suchst im Teen-Chat nette leute die du dort vergewaltigen kannst?
[19:18:05] Einfühlsam16: genau
[19:18:16] Einfühlsam16: du hast mich durchschaut mist
[19:18:36] Arielle13: und haste schonmal glück gehabt dass ne frau zum flughafen gekommen ist?
[19:18:40] Einfühlsam16: du kannst es auch freiwillig mit mir treiben lol
[19:19:43] Einfühlsam16: mister universum braucht kein glück :D
[19:20:17] Arielle13: ich bin jetzt total verliebt in dich.
[19:20:43] Einfühlsam16: das freut mich aber
[19:20:56] Arielle13: du hast mich jetzt echt rumgekriegt mit deiner art
[19:21:09] Einfühlsam16: das ist schön...bin halt spontan
[19:21:22] Arielle13: ja ich merks ;)
[19:21:40] Einfühlsam16: und flugzeuge im bauch?
[19:22:16] Arielle13: ja schmetterlinge sag ich immer dazu. ich hab direkt meine beste freundin angerufen und ihr von dir erzählt. die ist jetzt ganz neidisch, dass ich meinen ersten freund hab!

[19:22:42] Einfühlsam16: ich bin dein erster sogar… boar was für ein glückspilz bin ich nur

[19:23:11] Einfühlsam16: ich werde dich in die unendlichen weiten der leidenschaft entführen

[19:23:30] Arielle13: ja… aber sei bitte vorsichtig, ich bin noch ganz unerfahren

[19:24:18] Einfühlsam16: natürlich werde ich es sanft angehen und dich in die welt der bienchen und blümchen entführen

[19:24:27] Arielle13: toll!

[19:24:45] Einfühlsam16: ja und schon mal händchen gehalten?

[19:25:16] Arielle13: ja klar und auch schon mal kurz mit zunge geküsst! aber war bä!

[19:25:28] Einfühlsam16: ehhh mit zunge is ja ekelig

[19:25:36] Arielle13: ja ne.

[19:26:17] Einfühlsam16: wir können händchen haltend… zusammen eis essen im park und uns den halben tag lang wangenküsschen geben

[19:26:46] Arielle13: du bist mein traummann! aber vorher müssen wir heiraten! ich bin nämlich streng christlich!

[19:27:27] Einfühlsam16: nee nich heiraten…da stehen dir ja anteile meines besitzes zu

[19:27:47] Arielle13: ja und? unter freunden teilt man doch alles :(

[19:28:44] Einfühlsam16: wir sind doch keine freunde sondern geliebte

[19:31:09] Arielle13: ach du verarschst mich doch nur :(

[19:32:39] Einfühlsam16: ach quatsch wie kommsten darauf

[19:34:03] Arielle13: ja morgen steh ich am flughafen und du bist nicht da :(

[19:34:34] Einfühlsam16: ich werde dich abholen lassen

[19:35:41] Arielle13: ja aber dann nehme ich meine mama mit, weil sonst darf ich nicht fahren, wenn die nicht weiss, mit wem ich weg gehe.

[19:41:45] Einfühlsam16: egal nimm sie mit hauptsache wir schlafen in einem zimmer wir beide

[19:42:40] Arielle13: ok, du bist ja echt süß.

[19:55:27] Arielle13: haste jetzt dein angebot zurückgezogen?

Recht oberflächlich und inkonsequent beklagte chloe.f.f.w damals, dass die Chats voller Menschen sind, die nur auf sexuelle Unterhaltungen aus sind. Doch auch sie nutzte die neuen Medien zur Selbstprobe in der Pubertät. Wie weit kann man gehen? Was reizt? Was erwarten Männer? Sind Frauen vielleicht auch spannend? Sie verbrachte Tage vor dem Rechner, immer in der Sorge, ertappt zu werden, wie sie ihre gerade entdeckte Sexualität auslebte. Echte Menschen machten ihr dagegen Angst.

Das alles war wohl letztlich auch der Hintergrund für eine Mail, die ich gestern an einen Mann schrieb, vor dem ich meine Chatvergangenheit gerne verheimlicht hätte:

Hi,
diese Mail mag dir ungewöhnlich vorkommen, aber ich … Ich weiß, dass wir uns quasi nicht kennen. Dennoch möchte ich sagen, dass ich dich mag, also wirklich. Ich weiß, dass es so wirkt, als wolle ich dich meiden. Dabei ist das Gegenteil der Fall. Aber ich habe Angst, in alte Muster zu verfallen.
Meine bisherigen Erfahrungen basieren auf einer durchdigitalisierten Psyche, die ein normales Gespräch zwischen zwei Menschen, die ein romantisches Interesse aneinander haben, ablehnt. Ich habe tatsächlich noch nie im Angesicht des Gegenübers und nüchtern mit jemandem geflirtet, an dem ich Interesse hatte. Auch wirke ich in meinem Kopf viel gelassener und schlagfertiger, als ich es in der Gegenwart eines interessanten Menschen sein kann.
Ich gebe den virtuellen Figuren, eingebrannt in meine Identität, die Schuld. Den Figuren aus Filmen, aus Büchern, aus Computerspielen und Zeitschriften. Figuren, mit denen ich aufgewachsen bin, die sogar noch in der Nachlässigkeit perfekt sind. Die immer richtig gucken und lächeln, die selbst peinliche Dinge so charmant mit Leben füllen. Überhaupt peinlich.

Alles ist immer peinlich. Wenn du mir zu lange in die Augen schaust oder mich anlächelst, ist mir das peinlich. Wenn du mir eine Rose schenkst, ist mir das peinlich. Dieser Brief ist mir peinlich.
Ich versuche mich stets in Ironie, denn nur die schützt vor der Peinlichkeit der Ernsthaftigkeit. Dabei sehne ich mich nach Ernsthaftigkeit. Trotzdem mache ich mich darüber lustig, wenn du versuchst, mit mir zu flirten, und genieße es gleichzeitig. In den Chats, wo ich die ersten Flirtversuche startete, gab es keine Augen, die mich so ansahen, wie du das tust. Ich habe mit Identitäten, die ich niemals getroffen habe, intimer gesprochen, als ich es mit dir bisher war!
Das hier soll quasi ein Liebesbrief sein, auch wenn ein Haufen neurotischer und trivialer Faselmorast das überdeckt. Mein Selbstbild entspricht im Augenblick einer Frau aus einer wirklich schlechten Folge »Sex and the City«. Ich will zu schnell reden, weil das – glaube ich – attraktive Frauen tun. Ich will dabei kaum atmen, damit du mich darauf hinweisen kannst, und willkürlich mit den Händen vor meinem Gesicht wedeln. Ich will irgendwie seltsam wirken und trotzdem im entscheidenden Moment klug. Wahrscheinlich findest du das spannend, weil du genauso ein Opfer metamoderner Bewegtbilder bist.
Dass mein Mund jedoch versiegelt ist in den entscheidenden Momenten, ist der Preis, den ich eigentlich nicht zu zahlen gewillt bin. Lauter versäumte Gele-

genheiten im Nachhinein. Und es fühlt sich so an, als ob das nur mir passieren würde. Im Chat dagegen kann man so perfekte Aussagen machen.
Oder in Mails. So wie ich das, was ich hier schreibe, niemals sagen könnte.
Zum Glück dauert es keine Postkutschenewigkeit mehr, bis du meine Nachricht bekommst. Oder ist das auch wieder ein Problem? Wären wir in den Tiefen des Schwarzwalds unbedarfter? Doktorspiele kenne ich auch nur aus diversen Medien und weiß, dass man die gemacht haben sollte. Ich habe nur meine Barbies Doktor spielen lassen. Vorbild waren meist Filme, die ich immer aus Zufall sah. Vielleicht war ich auch deswegen in meinem Leben mehr in fiktive als in echte Menschen verliebt. Und die echten Menschen machte ich fiktiv. Ich stellte mich ihnen nicht, sondern bastelte Fiktionen in meinem Kopf, basierend auf den Menschen, die ich traf. Ich projizierte meine Wünsche und meine eigene Person auf das Gegenüber. Die Menschen wurden somit zu Romanfiguren in meinem Kopf, nicht zu echten Gefährten. Fiktion ist angenehmer als die Welt, weil Fiktion sinnvoll ist und logisch. Fiktive Menschen nerven nicht mit echten Macken, eigenem Willen und Persönlichkeit. Sie sind so, wie ich das will; sie verhalten sich so, wie ich will, und sie sagen, was ich will. Ich wünsche mir, dass es mit dir nicht nur in meinem Kopf ist.
Einfach so.

Diese Zeilen schreibe ich dem Mann, dessen Namen ich mich nicht traue auszusprechen, geschweige denn zu schreiben. Das ist so ein Mister-Big-Ding. Ich starre auf den Knopf, der diese Nachricht aus meinen Händen gleiten lassen wird. Meine Nasenflügel beben. Ich schließe die Augen und klicke mit einem Finger die Nachricht in seine Hände. Wann er sie wohl lesen wird? Und beantworten!

Verlegen schaue ich auf seinem Facebook-Profil, wann er das letzte Mal etwas gepostet hat. Vom Festrechner oder vom mobilen Endgerät? Sein Nutzungsverhalten habe ich bereits ausgespäht. Wann postet er was? Welche Arten von Nachrichten? An wen? Schon leicht zwanghaft erneuere ich seine Profilseite, gucke auf Twitter und seinen Status bei Jabber.

Oh je, er hat eine Nachricht bei Twitter gepostet! Meine Nerven kommen in Wallung. Ich kann an den Kurznachrichten erkennen, ob er an seinem Laptop oder am mobilen Endgerät sitzt, denn er nutzt unterschiedliche Clients. (Echofon auf dem mobilen Endgerät, um die 140 Zeichen in die Welt zu werfen. TweetDeck dagegen am Laptop.) Diesmal steht TweetDeck unten ganz klein am Rand der Kurznachricht. Er ist also zu Hause, er muss die Mail gesehen haben. Und er könnte unkompliziert antworten. Meine Atmung wird schneller. Was er wohl jetzt denkt? Hat er die Zeit gehabt, sie ganz zu lesen? Wenn sie ihm zu lang war, kann das ja nur heißen, dass er mich nicht wirklich mag! Wieso lässt er nicht alles stehen und liegen? Ich lese alle seine E-Mails sofort, nur um dann Tage später zu antworten, dass ich leider erst jetzt zum Antworten komme. Dieses soziale Spiel gilt für mich und meinen von Frauenklischees geimpften Geist, aber für ihn? Ich aktualisiere meinen Posteingang im Minutentakt. Keine Antwort.

Da! Plötzlich! Er antwortet auf einen Tweet. Ich erstarre kurz. Mein Herz schlägt bis zum Hals, das Adrenalin schießt durch meinen Körper. Wieso tut er das? Er muss die Mail doch gesehen haben! Wieso antwortet er nicht auf diese, sondern schreibt irgendeinen Blödsinn auf meine noch viel blödsinnigere Kurznachricht? Vielleicht hat er die Mail nicht gelesen? Ob sie überhaupt angekommen ist? Vielleicht ist sie im Spam-Ordner gelandet oder er hat so viele Mails, dass er meine übersehen hat! Ach, das ist doch verrückt. Bestimmt hasst er mich nach dieser peinlichen und episch langen Ansage. Wie auch nicht? Die folgenden Stunden bin ich in Gedanken permanent bei meinem Postfach und körperlich unter Dauerstress. Mit jedem Vibrieren meines mobilen Endgeräts erwarte ich eine Antwort. Er wird mir nicht antworten, er muss mich für eine komplett irre Person halten! Jetzt bloß nichts mehr twittern. Irgendwas tun, was impliziert, dass ich nicht auf den kleinen Monitor starre. Er wird sich nicht melden, da bin ich mir sicher. Wieso antwortet er nicht? Verdammt. Das kann ihn doch nicht kalt lassen. Jetzt ist er offline gegangen! Ohne etwas zu schreiben! Verdammt, ich hätte das nicht schreiben dürfen. Das ist doch albern! Was soll er auch dazu sagen? Ich kippe meine Neurosen über ihm aus und erwarte umgehend eine sinnvolle Antwort? Ja! Wenn er mich mögen würde, dann hätte er erkannt, wie schwer mir das gefallen ist, und würde mir jetzt antworten. Selbst wenn er das alles anders sieht und es ihm zu schnell geht. Das ist respektlos!

Ich versuche zu schlafen, also wälze ich mich rum, starre noch ab und an auf meinen kleinen Bildschirm und warte. Ich muss schlafen, ich darf mich nicht verrückt machen, ich ...

Der Wecker klingelt. Ich habe ein paar Stunden mit wilden Träumen voller Blödsinn hinter mir. Ich blicke auf mein Telefon. Eine E-Mail. Von ihm. Sie ist da. Jetzt. Panisch tatsche ich auf dem Display herum, um die Mail lesen zu können.

»Kein Problem. Einfach passt.«

Das ist alles? Wirklich? Ich schütte ihm mein Herz aus und dann das? Ich komme mir vor wie in einer sehr schlechten Romanze. Jetzt sind wir also auf dem Level, wo wir uns verhalten wie billige Kopien von typischen Geschlechterrollen in Hollywoodfilmen. Mir wird schlecht. Eine Mischung aus Peinlichkeit und Übelkeit, ja Scham überkommt mich. Ich antworte nicht. Ich kann nicht. Was auch? Oder doch? Wie in Schockstarre glotze ich auf den Bildschirm. Was soll ich denn jetzt tun? Erwartet er eine Antwort? Was kann man denn dazu noch sagen? Soll ich? Will er das? Da klingelt es an der Tür.

»Ich dachte mir, dass es einfacher ist, wenn ich dir ins Gesicht sage, was ich von deiner Mail halte.«

Ich starre ihn an. Und dann reden wir. So von Angesicht zu Angesicht. <3

Ich ist relativ, oder: Wie ich lernte, eine Identität zu erfinden

tl;dr: Im Internet kann jeder der eigenen Persönlichkeit entkommen. Gleichzeitig ist es schwer zu wissen, mit wem man es zu tun hat, auch oder gerade bei sich selbst.

Das Erfinden von Identitäten war immer Teil meiner digitalen Existenz. Es war zuerst chloe.f.f.w, dann jade, die den beängstigenden Existenzialismus verarbeiten und auf die Überforderung durch den Konstruktivismus in Jostein Gaarders »Sofies Welt« reagieren mussten. Wenn mein Geist alles ist, ja, alles und nichts!, dann bin ich nichts als eine Konstruktion meiner selbst, meine Welt eine Konstruktion meines Geistes. Diese Annahme bestätigt sich für mich bis heute jeden Tag in den digitalen Sphären. Am Computer war und bin ich Gott.

Die Freiheit der Anonymität, der Identitätskonstruktion, der gelebten Selbstbestimmtheit ist vielen Menschen unheimlich. Sie beäugen das Internet mit Argwohn und nicht zuletzt mit Angst. Eine falsche Identität angeben? Verstößt das gegen Gesetze? Kann ich mich damit strafbar machen? Was ist, wenn jemand meine Identität klaut? Bin ich nicht besser geschützt, wenn ich keinen Computer besitze? (Spoiler: Nein.)

Der digitale Spiegel zeigt dir deine Abgründe, lässt dich an dir zweifeln. Und du kannst nichts dagegen tun. Nicht, weil du etwas Verbotenes tust, sondern weil du erkennst, wie ähnlich du anderen Menschen bist, wie austauschbar. Das kann grausam sein. Einige verkraften das nicht.

Und vielleicht bekämpfen sie das Internet auch deswegen: Es fordert ihren Willen zur Freiheit heraus und offenbart das mächtige Bedenkenträgertum, das ihr bisheriges Leben beeinflusst hat. Wenn auch manchmal positiv. Deswegen wollen sie das Internet kaputt machen.

Sie wollen uns zwingen, echte Adressen anzugeben, indem sie unsere Eingaben mit GPS-Daten abgleichen. Sie wollen überprüfen, dass echte Menschen ihren Service benutzen. Als ob jemals nicht Menschen hinter einer Nutzung stehen könnten. Sogar hinter automatisierten Programmen stehen Menschen, die die Ergebnisse dieser Programme dann nutzen. Unsere Freiheit wird kriminalisiert. Von Unternehmern, Politikern, Lehrern, Eltern, Großeltern und vielen anderen. Von allen, die durch sie ihre Geschäftsgrundlage, die Gesellschaft oder gar die Menschheit bedroht sehen.

chloe.f.f.w und auch jade haben ungezählte Identitäten erfunden. chloe.f.f.w baute am Computer hingebungsvoll virtuelle Städte und Jahrmärkte, die sie anschließend genauso genießerisch zerstörte. Sie war

Mafiaboss, Barbie und Monsterjäger, Hotelbesitzer, ein kleines grünes Krokodil und Herrin über virtuelles Leben und Tod. Sie träumte von der Inneneinrichtung ihrer Restaurants in dem Spiel »Pizza Connection« und weinte, wenn ihr gegnerische Banden Giftgasbomben in ihre über Stunden liebevoll ausgestatteten Ladenlokale warfen. Gleichzeitig übte sie erbarmungslos Rache, lachte und freute sich über den Tod des verfeindeten Mafiabosses und plante Terror- und Mordanschläge. Oft waren ihre Phantasien sogar phantasievoller und aggressiver, als die Spiele es ihr erlaubten. Ihre Feinde gingen in Atompilzen unter, inklusive der kompletten Umgebung. Sie genoss die Macht, erbaute sich am Beherrschen eines realistischen Szenarios mit Strafen und Flucht vor der Polizei, mit Flammenwerfern und Bomben, inklusive Adrenalinausschüttung. Und bei alldem fühlte sie sich großartig – großartig böse, kalt und berechnend.

So, wie ich mich im echten Leben niemals getraut hätte, aufzutreten.

»Die entscheidende Frage ist, ob der menschliche Geist sich selbst erkennen kann.«

Leonard und ich sitzen in seinem Zimmer auf der Couch. Wir treffen uns regelmäßig. Er hofft, dass ich mich auf seinem Sofa irgendwann entkleide, ich dagegen möchte mit ihm philosophieren.

»Die Theorie, dass unser Gehirn Symbolik und Metaphern für die Welt erschafft und letztlich auch eine für den Menschen, finde ich überzeugend. Das ist dann das Ich. Quasi ein Bild, das sich selbst zum Gegenstand hat. So was wie eine Schleife. Eine konstruierte Entität zur Komplexitätsreduktion, eine Abkürzung für n-viele chemisch-physikalische Prozesse im Gehirn. Wir nehmen nicht nur uns selbst wahr, wir kodieren das Wahrgenommene zusätzlich und nehmen das wiederum als Wahrnehmung wahr. Auf einer Metaebene.«

»Die Betrachtung der Betrachtung. Das moderne Ich ist so überbordend, dass kompromisslose Selbstverwirklichung zum Selbstzweck geworden ist. Man könnte auch von einem FDP-Ich reden!«

Wir lachen, denn wenn wir uns bei einer Sache einig sind, dann in der Ablehnung der aktuellen FDP.

»Trotzdem braucht dieses Ich Grenzen, sonst ist es als Metapher wertlos.«

»Die Grenzen muss man sich vor allem selbst setzen.«

»Stimmt. Aber dazu muss man so viel wie möglich ausprobieren, viele Ichs kennenlernen. Dafür ist das Netz natürlich ideal. Da kann man alle Formen des Ichs austesten und Möglichkeiten erschließen, die es sonst niemals gäbe.«

Ich denke an die zahlreichen E-Mail-Adressen, zu denen ich längst den Zugang vergessen habe, die mich zu Horst Siechtum werden ließen oder Alidala King. All die Freemailanbieter, die glauben, ich sei Krebs oder Steinbock, Hund oder Büffel, die mir im Sommer Geburtstagsangebote senden und mich mit »Herr« ansprechen. Ich denke an die kläglichen Versuche, mittels meiner Adressangabe passende Werbeangebote zu visualisieren, an die Datingportale, die glaubten, ich sei auf der Suche nach einem pinkfarbenen Hund. All diese Lügen, die ich dem Internet schon erzählt habe, all die Geschichten, die ich nicht erlebt habe, aber Teil meines Ichs werden ließ. Nie habe ich auch nur eine Sekunde daran geglaubt, dass die auszufüllenden Felder überprüft werden. Ich habe es einfach ausprobiert, in kindlicher Naivität. Immer in dem Wissen, dass die Verbindung weg ist, wenn der Computer aus ist. Einfach gemacht. Angst vorm Erfassen der IP? Ach, was soll schon passieren?

Aus dem Gedankenstrom gerissen, sage ich nun: »Das Ich zu erkunden ist eine wirklich spannende Tätigkeit. Es ist wichtig, so viel wie möglich auszuprobieren, viele Ichs kennenzulernen. Dafür ist das Netz natürlich ideal. Ändert aber nichts daran, dass es Merkmale gibt, die einen prägen, ob man es will oder nicht. Hautfarbe zum Beispiel oder Geschlecht.«

Leonard macht einen sexistischen Witz, an den ich mich nicht erinnern will. Stattdessen stehe ich wortlos auf und gehe. Er wird sich sowieso melden.

Es dauert keine drei Stunden: *Hallo prettyface, das Gespräch mit dir war gut und ich habe dazu etwas Kleines geschrieben. Enjoy.*

Etwas Kleines. Mir ist nach Kotzen zumute. Im Strahl. Wenn er doch bloß nicht so klug wäre …

Zunächst müssen wir uns fragen: Was ist das Ich? Das Ich ist im Prinzip eine seltsame Schleife, die sich selbst beobachtet. Konkreter: Mein Gehirn konstruiert ein Ich. Dieses Ich besteht aus Einzelteilen, die man Identitäten nennen kann. Identitäten sind beispielsweise männlich oder deutsch, alt, Akademiker und so weiter. Die Menschen, also andere Ichs, verbinden Eigenschaften mit mir, weil ich ein Akademiker bin. Diese anderen Ichs denken, dass ich mich in einer gewissen Art zu verhalten habe. Mein Ich tut das auch. Es geht davon aus, dass Männer Fußball mögen. Und so weiter und so fort. Jedes Ich hat also Eigenschaften und Erwartungen.

Mit dem Aufstieg der sozialen Medien ist nun einiges im Begriff, sich grundlegend zu ändern. Die starre Struktur zwischen Sender und Empfänger wird aufgehoben, was konkret bedeutet, dass das Ich eines jeden grundsätzlich gestärkt wird. Denn jede geäußerte Meinung hat nun eine Plattform zur Verfügung mit unterschiedlichen Öffentlichkeitsgraden. Jeder kann Sender werden und jeder ist Empfänger. Darüber hinaus wird das Gesendete dokumentiert. Alles, was ein Ich sagt, ist potenziell verfügbar. Und so kann das Ich sich selbst nachvollziehen, sich selbst beobachten. Ein sich selbst beobachtender Geist ist, so sagt es Camus, das Wesen des Intellektuellen. Die Vernetzung der Menschen bedeutet also eine Intellektualisierung, eine Vergeistigung der Menschen. Der Körper wird zusehends weniger wichtig. Auch bedeutet das ein verändertes Verständnis des Intellektuellen. Intellektuelle sind quasi Data-Miner. Sie suchen nach Regelmäßigkeiten in großen Datenmengen. Wie auch das Gehirn selbst. Oder Google. Gleichzeitig bedarf die Fragmentierung der derzeitigen Welt einer Flucht in die Tätigkeit der vernetzten Ichs. Es gibt keine natürlichen Gemeinschaften, sie werden von Menschen geschaffen. Die Gemeinschaft im Netz ist nicht homogen und hat auch keine gemeinsame Identität. Stattdessen werden die vielen Ichs vernetzt, wie sie sind, bilden Gemeinschaften aus Ichs, die zueinanderfinden und sich dokumentieren. Das ist die Essenz der Informationsgesellschaft.«

Es schaudert mich. Mein Ich kann ich gestalten, auf es einwirken. Und gleichzeitig können das andere auch. Dabei ist der Gedanke über die Kontrolle meines Ichs wohl auch eine Illusion meines Gehirns.

Mein Gehirn ist digital

> ***tl;dr:*** *Das Netz verbindet uns. Alle. Und mit allem, was wir gedacht haben, denken und denken werden. Eine neue Epoche des »Kollektiven« bricht an. Dabei halte ich meine »Privatsphäre« durch Cyberspace nicht für gefährdet. Es sind nämlich Menschen, die das Netz benutzen, nicht umgekehrt.*

Ich besuchte ein städtisches Gymnasium, das nicht einmal einen eigenen Namen hatte. »Städtisches Gymnasium« musste für die kommende Provinzelite ausreichen. Hier traf ich auch Christian und Sesemi. Meine einzigen Freunde. Sesemis Mutter war sogar mal Bürgermeisterin, Christians Eltern einfach nur reich. Gemeinsam war uns vor allem die Abneigung, kritiklos Lehrbuchwissen in uns hineinzustopfen. Nicht, dass wir gegen Bildung gewesen wären, im Gegenteil, nur sahen wir Schule in erster Linie als Springen durch vorgefertigte Reifen und nicht als kritische und kreative Auseinandersetzung mit Informationen und deren Aneignung. Also lernten wir woanders und anderes. Zum Glück gab es einen Computerraum mit Internet, sodass es möglich war, während einer vorgetäuschten Toilettenpause den lateinischen Text und die entsprechende Übersetzung im Internet nachzuschauen, sollte man wegen der Unterforderung den Anschluss verpasst haben. Oder man beauftragte jemanden per SMS, den Text rauszusuchen. Überhaupt überließen wir es den digital zugänglichen Informationen, unseren Wissensdurst zu stillen und unsere Arbeiten zu schreiben. Textinterpretation? Das Internet wird eine adäquate liefern. Notfalls einfach die Biographie des Autors in dem Text spiegeln. Persönliche Reife? Weg zur Vernunft? Eine Zwei vor dem Komma am Ende des Schuljahrs war die Bedingung dafür, dass die Eltern sich keine Sorgen machten. Es galt zu fragen: Was will der Lehrer? Welche Fragen wird er stellen und welche Antworten sind angemessen? Worum geht es bei der Klausur? Und alle Antworten auf W-Fragen weiß das WorldWideWeb. (Funfact: Das Internet könnte noch viel klüger sein, würden nicht viele Informationen zugunsten überbrachter Geschäftsmodelle zurückgehalten. Beispielsweise die Ergebnisse wissenschaftlicher Arbeit. Nach wie vor publizieren Wissenschaftler in angesehenen Fachzeitschriften und übertragen dafür die Rechte an den Artikeln an die Zeitschriften. Und die bizarre Realität ist: Die Allgemeinheit bezahlt doppelt, zuerst indem sie die Wissenschaft finanziert und dann dafür, die Zeitschriften nutzen zu können.)

Mein mobiles Endgerät blinkt:

– Gedicht von Sylvia Plath, The Bee Meeting, worum geht's?

Es ist 8 Uhr 34 und meine Schwester muss offenbar eine Gedichtinterpretation abliefern. Genervt tippe ich, woran ich mich noch erinnere:

– Geht darum, Außenseiter in einer Gesellschaft zu sein, die eine genaue Vorstellung davon hat, wie man sich zu verhalten hat.

– Wieso Bienen?

– Metapher für die Gesellschaft.

(Das passt immer.)

– Warum trägt sie keine Jacke? Und als Einzige ein Sommerkleid?

Jetzt muss ich das Gedicht doch raussuchen. *The Bee Meeting analysis* tippe ich in die Suchmaschine. Dieses Bienentreffen gab es also wirklich? Auf einer weiteren Ebene geht es um die Entfremdung zu Plaths Mann und das Wissen um seine Affären? Klingt plausibel. Die Bienen sind ein Bild für die Gesellschaft, die Plath umgibt, der sie sich aber nicht zugehörig fühlt. Das Weiß der Jacke steht für die Vorstellung falscher Reinheit, den Wunsch, sich anzupassen und doch unschuldig zu bleiben? Das ist gut! Weiß ist auch die Farbe versteckter Grausamkeit? Wie im Sanatorium. Passt. Schreiber sind immer ein bisschen irre, denn sie fühlen sich an eine Welt ausgeliefert, die sie nicht versteht.

Während ich meiner Schwester in Deutsch und den Fremdsprachen eine Hilfe sein kann, sind meine mathematischen und physikalischen Fähigkeiten in Unlust und falschem Rollendenken untergegangen. Dass Mathe und Mädchen Feinde sind, hatte ich so oft gehört, bis ich tatsächlich schlecht in Mathe wurde. Und die Lust, zu verstehen, wie funktioniert, was ich jeden Tag wie selbstverständlich nutze, hält sich in Grenzen. Wieso untersuchen, wie das Internet in den Computer kommt, wenn es doch einfach da ist. Immerhin konnte ich schon früh Viren beseitigen. Die Wolke muss ja zugänglich bleiben. Was die Wolke ist?

Die Rechenwolke besteht aus Serverfarmen, auf denen gespeichert wird, was gespeichert werden soll, ohne dass es auf der eigenen Festplatte liegt. Ganze Bibliotheken haben sich dort in der opaken Serverlandschaft gebildet. Zugreifen auf die unkontrollierbaren Systeme kann man über einen Zugang zum Netzwerk, meistens das Internet, ein Webinterface oder ein Programm, das den eigenen kleinen Server irgendwo in der Welt begrünen lässt. In der Wolke kriegen Daten eine eigenartige Qualität: Sie werden unsterblich, versinken in einem Wald, den nur Google und andere Suchmaschinen zu durchdringen scheinen. Es gibt Angebote für Musik, für Bilder, Animationen und Texte jeglichen Formats, jeglicher Qualität. Jeder kann lesen, schreiben, weitersenden. Hören, aufnehmen, weitersenden. Sehen, aufnehmen, weitersenden. Und das von jedem Rechner der Welt. In dem Maß, in dem wir uns im Internet bewegen, hinterlassen wir Daten und werden selbst digital.

Jeder Mensch hat heute die Möglichkeit, von einer globalen Öffentlichkeit wahrgenommen zu werden, mit seinen Gedanken, Bildern, Emotionen den Diskurs zu beeinflussen, zu bereichern und zu verändern. Jeder ist potenziell Autor, Musiker, Fotograf oder alles gleichzeitig. Ist er deswegen auch Künstler? Und gebührt ihm dafür, dass sein »Werk« digital zugänglich ist, bereits eine finanzielle Gegenleistung? Bedingt das Digitale eine Entwertung oder eine Aufwertung oder beides, richtet sich dies nach der Nachfrage?

Wenn ich schreibe, dann schöpfe ich immer aus dem mir zur Verfügung stehenden Wissen, und es stellt sich mir die Frage, inwiefern dabei Neues oder Originäres entsteht oder entstehen kann. Ich bemühe mich, denen, die mich inspiriert haben, soweit ich das überhaupt erkenne, die Anerkennung zu zollen, die sie verdienen. Ich verstehe mich als Filter: Ich nehme die Welt wahr und gebe, was daraus entsteht, als Text im weitesten Sinne weiter. Damit schaffe ich etwas, was vielleicht nicht neu, aber doch irgendwie von mir ist. Oder doch nur eine Kopie des Bestehenden? Ich verklumpe das Bestehende auf meine Art. Mein Ich, so wie es geworden ist, hat seine eigene Perforation, durch die bestimmte Eindrücke eindringen und andere nicht, die sich vermischen, aus Diffundierung etwas schaffen. Womöglich eine Meinung, eine subjektive Äußerung oder Kunst.

Durch die Vernetzung sind die Menschheit und ihr Wissen immer präsent, die Gedanken vieler prägen meine Ideen und Texte, verändern wiederum mein Denken und somit das, was ich schaffe.

Ich bin die Autorin dieses Buches, aber wie zu allen Zeiten entsteht auch heute kein Buch nur in einem einzigen Kopf. Viele Zeilen sind denjenigen geschuldet, deren Bücher ich gelesen habe, deren Gedanken mir im Internet zugänglich waren, mit denen ich diskutierte. Einiges ist dem Lektorat meines Verlags geschuldet, das mir Ideen in den Kopf setzt, Worte streicht und neu formuliert. Manchmal tut das auch der Schwarm, ein wildes Plenum, dem ich meine Texte vorsetze. Beispielsweise können in Etherpads mehrere Autoren in Echtzeit online gemeinsam Texte verfassen und editieren. Ein Texteditor online ermöglicht auf sehr effiziente Art und Weise kollaboratives Arbeiten. Wie sähe das Buch aus, wenn mehrere den Text kommentierten, so wie ich das oft mit meinen Blogs praktiziere? Es könnte im Idealfall die Summe der besten Ideen sein. Übrigens: Auf unter anderem diese Art machen die Piraten ihr politisches Programm. Wem anschließend der Text gehört? Niemandem und allen, denn Ideen sind wie Kinder, wenn man sie nicht ziehen lässt, gehen sie kaputt.

In der digitalen Epoche verschmilzt mein Denken mit dem, was die Vielen gedacht haben, denken und noch denken werden. Meine Texte fliegen durch die Gehirne der anderen, durch das große, allumfassende digitale Gehirn, dessen Teil ich bin, das ich aufnehme, nachahme, filtere und anreichere. Taten die Denker vergangener, mystifizierter Epochen nicht das Gleiche unter den Bedingungen analoger Beschränkungen? Oder waren sie vielleicht geborene Genies? Schöpfergötter?

Ich lehne den Begriff des geistigen Eigentums ab, er ist ein Kampfbegriff, der die Debatte vergiftet. Die emanzipatorische Idee dahinter ist längst vergessen, ja sogar karikiert worden. Denn der Begriff wird missbraucht, um emanzipatorische Bewegungen im Netz zu unterdrücken. Und ich wehre mich dagegen, dass unter dem Vorwand, Urheberrecht und geistiges Eigentum schützen zu wollen, die Freiheit des Internets zerstört wird. Stattdessen will ich darüber sprechen, welche Funktion die Kunst und die Künstler in unserer Gesellschaft haben und damit wieder eine allgemeine Wertschätzung für das Werk und seinen assoziierten Künstler schaffen. Ein Imperativ für das Teilen im Netz wäre für mich: Nutze Kunst und Kultur so, wie du möchtest, dass mit deiner Kunst und Kultur umgegangen wird. (Und übrigens: Wer geistiges Eigentum hinterfragt, sollte vielleicht auch Eigentum hinterfragen. Unabhängig vom Geist.)

Bedeutet das Internet, dieses kollektive Gehirn, dass wir unser Denken auslagern? Viele sprechen von einem neuen Minimalismus – mehr als einen Rechner und 16 mbit/s braucht es anscheinend nicht.

Sesemi findet all diese Entwicklungen bedenklich. Vielleicht, weil ihr der Hype ums digitale Zeitalter mitsamt der Euphorie Angst macht. Sesemi ist Datenschützerin aus tiefster Überzeugung. Im Grunde genommen streiten wir, seit wir uns in der Schule kennengelernt haben. Denn was würde passieren, fragt sie, wenn die Server abgestellt werden und alle Texte und Bilder, die Musik, das extra montierte Kleinhirn verschwinden? Oder wenn sich böse, manipulatorische Mächte des kollektiven Gehirns bemächtigten. Sesemis Theorie ist, dass wir uns zur Zeit auf dem Höhepunkt der Entwicklung befinden und bald alles zusammenbrechen wird. Sie glaubt, dass wir eine große Menge Kulturgut wieder verlieren, welches wir die letzten Jahre mühevoll auf die Server geladen haben. Wer trägt die Verantwortung für diese Kulturlandschaften? Für ihren Verlust oder Missbrauch? Sind die Server nur eine Infrastruktur (wer stellt sie wie legitimiert zur Verfügung?) und die Nutzer haftbar zu machen wie jemand, der in öffentlichen Verkehrsmitteln schwarzfährt? Oder müssen vielmehr die Betreiber sicherstellen, dass Gesetze eingehalten werden? Doch wie soll das gehen, ohne dass zugleich jede Bewegung der Internetnutzer kontrolliert würde? Wie soll das gehen, ohne die herrliche Anonymität zu vernichten?

Die Freiheit des Internets unterläuft unsere bisherigen gesellschaftlichen Verabredungen. Lautlos durchdringt die Wolke unsere Großstädte und stellt alles auf den Kopf.

Ich finde das gut.

Jeder von uns produziert jeden Tag große Mengen an Daten. Wir kaufen im Internet ein, bezahlen dort, geben unsere Kontonummer an, unsere Adressen, wir klicken auf Werbung und interessante Seiten. Wir verbinden diese Seiten mit unseren zahlreichen Profilen bei diversen Anbietern. Oder wir nutzen Kredit- und Kundenkarten. Wir lieben es, ohne Bargeld zu zahlen, und telefonieren mit kleinen Computern, deren Rechenkraft vor 35 Jahren in Lastwagen transportiert werden musste. Heute sind wir ständig mit Satelliten verbunden. Es sei denn, wir sind im Flugzeug, doch selbst da haben wir zuvor Spuren hinterlassen, um an Bord gehen zu können.

Persönlichkeitsprofile von uns entstehen unbeabsichtigt und unmerklich wie Sandbänke im Datenfluss. Firmen versuchen, in die beim digitalen Flanieren gesammelten Daten (wobei die meisten Nutzer wohl eher in Supermalls unterwegs sind) Struktur zu bringen, Muster zu erkennen. Nur damit sie uns ihre Produkte besser verkaufen können. Sesemi gibt ihnen ihre Daten nicht. Ich schon. Ich bin eine Internet-Exhibitionistin, die die Daten, die sie produziert, mag, sie gerne und freiwillig rausgibt, sich mit Genuss digital entblößt. Ich tue das gerne, auch wenn ich keinen, erst recht keinen sexuellen Nutzen daraus ziehe. Ich mag es, von mir zu erzählen. Vielleicht liegt das auch daran, dass ich die Seelen der anderen nicht so leidenschaftlich inspizieren mag, wie andere das mit meiner tun. Diese

Seelenvoyeure wollen alles ganz genau wissen, geben aber nichts von sich preis. Sie wollen andere nicht erleben, nur verurteilen. Deswegen setzen sie die Informationen, die sie bekommen, auch zusammen, wie sie wollen. Dass es ein Mensch ist, den sie als Projektionsfläche benutzen, ist ihnen egal. Mir ist durchaus bewusst, dass ich mit meinem Seelenexhibitionismus solche Menschen bediene – es belastet mich aber nicht. Sollte es das? Nein.

»Du lässt doch auch nicht jeden in dein Schlafzimmer«, sagt Sesemi. Aber geht es bei Privatsphäre nicht schlicht nur darum, dass ich eine Sphäre habe, in der ich mich frei entwickeln kann? Und ist das nicht unabhängig davon, wie viele Menschen sich in dieser Sphäre aufhalten? Für mich ist »Privatsphäre« ein bürgerliches Konzept aus der analogen Zeit. Es geht um die Abgrenzung zur Gesellschaft und die Möglichkeit, sich unabhängig von äußeren Einflüssen entwickeln zu können. Deswegen ist die »Privatsphäre« so umkämpft: Weil sie der Raum ist, wo ich auf dem Weg zur Vernunft unbeobachtet Dummheiten machen kann, ohne das Gesicht zu verlieren. Das Netz und die sozialen Medien durchbrechen dieses Konzept, das letztlich darauf basiert, dass ich – vermeintlich – kontrollieren kann, was andere über mich wissen. Das Internet bedeutet dagegen den eingestandenen totalen Kontrollverlust. Der digitale Naturzustand ist post-privat. Es ist wieder wie in der Urhorde – nur sind dieses Mal potenziell alle mit dabei. Denn auch wenn ich meine eigenen Aussagen im Netz kontrollieren kann, kann ich doch das, was andere über mich dokumentieren, nicht kontrollieren. Ich habe damit weniger Probleme, als ich vermutlich sollte. Sesemi behauptet, die Natur des Menschen sei egoistisch, macht- und habgierig und deswegen dürfe man niemandem vertrauen. Mein skeptischer Optimismus und meine Art, an das Gute im Menschen zu glauben, dem Internet mein Innerstes zu offenbaren und stets eher Unsicherheit statt Bösartigkeit der anderen vorauszusetzen, findet sie katastrophal naiv. Sie läuft Amok, wenn ich so rede. Damit steht sie nicht allein.

Aber was soll ich dazu sagen? Ja, die Wolke macht unsere Persönlichkeit virtuell. Und verkauft uns. Zumindest die Informationen über uns. Aber ist das wirklich schlimm? Wenn die Wolke weiß, dass ich gerne Sushi esse, heißt das für mich eigentlich nur mehr Sushi-Werbung. Und meist sogar lächerlich schlechte. Was mich erreicht, ist überwiegend klischeehaft und wird mir in keiner Weise gerecht. Wer ich als Person bin und was ich tief im Herzen fühle, das bleibt unantastbar und unveräußerlich, davon hat der Werbetreibende keine Ahnung. Im World Wide Web bin ich eine Ansammlung von Nummern, die in der Datenmenge untergeht. Die Daten sind dabei nicht das Problem. Der Umgang mit ihnen ist es.

Im Moment erleben wir, wie die Wolke monetarisiert wird. Alles und jeder soll zu Geld gemacht werden. Die umfassende Privatisierung des Netzes, die damit einhergeht, zerstört den Polis-Charakter: Dieses Problem ist für mich viel dringender. Denn das Netz ist nicht nur ein Jahrmarkt der Eitelkeiten, es muss ein öffentlicher Raum sein, der allen zusteht.

In der Wolke gibt es keine Mauer, keine Wände. Und das scheint mir das Gute an Daten: Sie bringen uns näher an die Realität, sie verraten uns und die Welt, in der wir leben. Und wäre es nicht klüger, die Missstände zu bekämpfen, statt die Transparenz, die diese Missstände aufzeigt? Wenn wir die Freiheit des Internet zerstören, sind wir nicht besser als der König, der den Boten mit der schlechten Nachricht töten lässt. Wäre es nicht besser, in einer Welt zu leben, in der jeder sich zeigen können darf? Für mich ist die Wolke genauso gut oder schlecht, klug oder doof, erhebend oder banal wie die Menschen, die Daten in ihr speichern. Das Ziel muss die Freiheit für alle und ihren Irrsinn sein – solange niemand zu Schaden kommt.

Aber was vergisst die Wolke eigentlich? Ich erinnere mich an einen guten Artikel zu dieser Frage.

Cloud forget blog problem, tippe ich in die Suchmaschine und erhalte viele Blogeinträge, aber den Artikel, den ich meinte, hat es in die virtuelle Gosse gespült. Letzte Seite bei Google vielleicht? Hatte der Autor einen Namen, an den ich mich erinnern kann?

Ist der Text vielleicht in einem großen Blog erschienen? Die Hauptthese war, dass es in der Wolke eine automatische Auslese gibt, eine Relevanzauslese. Das heißt, selbst auf der vorvorletzten Seite der Google-Ergebnisse findet man dich und Informationen über dich nicht zufällig. Irgendwie konnte der Artikel das aber auch entkräften, meine ich mich zu erinnern. Also versuche ich es mit *cloud relevance sorting blog* erneut. War es nicht ein dunkelblauer Hintergrund mit Zeichnungen im Header und klobiger Schrift? Wie hieß nur der Autor oder das Blog? Vielleicht habe ich den Artikel selbst getwittert? Oder zu meinen Favoriten hinzugefügt? Ich scrolle mich durch meinen Verlauf, durch meine Favoriten, meine Tweets. Wann habe ich den Artikel gelesen? Es muss im Sommer 2008 gewesen sein, bevor die ersten Artikel über die vermeintlichen Gefahren der Wolke in den großen Zeitungen erschienen sind. Da habe ich ja noch gar nicht getwittert! Vielleicht bei Telepolis?

Vielleicht weiß ja einer meiner digitalen Anhänger, welches Blog ich meine. Also verpacke ich in 140 Zeichen den Hilferuf: *Wer kennt ein Blog, das sich in erster Linie mit der Wolke beschäftigt? Toller Artikel über Relevanzauswahl, den ich suche. #followerpower*

Ich erwarte mir nicht viel, allerdings haben solche Anfragen in der Vergangenheit erstaunliche Ergebnisse erzielen können. Die Suche in meinem Gehirn geht parallel weiter.

cloud relevance thesis blog bringt keinen Erfolg. *cloud blog relevance forget, how the cloud forgets, cloud forgetting you, internet forgetting things* .... Ich werde nachlässig.

Plötzlich erscheint es mir auf dem Bildschirm: Clouding! http://clouding.blogspot.com, um genauer zu sein. Ja! Das war es! Ich klicke erwartungsvoll auf das Blog. Kein Artikel, keine vertraute Oberfläche, keine Freude. Vielleicht bei einem anderen Anbieter? War der Artikel auf Deutsch? Vielleicht wurde das Blog auch gelöscht und nur der erste Eintrag gelassen? Oder habe ich ihn doch von Twitter? Facebook? Google+? Oder sogar StudiVZ? Gibt es das noch? Was gibt es noch? Ich war mir so sicher! Vielleicht ist einer im Jabber, der den Artikel kennen könnte oder bei Skype? Yahoo? ICQ? MSN? MfG...

Digitale Freunde sind pflegeleicht

tl;dr: Nicht das Internet macht einsam, sondern ich bin im Internet, weil ich einsam bin. Und nicht das Internet pflegt oder beendet eine Freundschaft, Freunde tun das, denn Freundschaft ist unabhängig vom Medium. Übrigens: Daten-Exhibitionisten können auch ohne Facebook glücklich werden.

Ja, ich habe mich bei Facebook gelöscht. Ja, ich habe mich mit meinem ganzen Leben, den Freunden, die eigentlich nie welche waren, und allem Angenehmen gelöscht. Meine Facebook-Identität vernichtet. Mich vom sozialen Druck der Bildmarkierung und Beziehungsstatusangabe gelöst. Emanzipiert. Ich biete dem Mainstream die Stirn. Versage mich der bunten Timeline und dem Zwang zu Netzwerken. Ein paar Mal noch öffne ich aus reiner Gewohnheit ein Tab im Browser und tippe *fac* ein, bevor ich realisiere, dass meine Zeit auf dieser Plattform beendet ist.

Mein Abschied von Facebook hat verschiedene Gründe. Neben der Tatsache, dass mir das Unternehmen Facebook zunehmend Angst macht, weil es alles über mich sammelt (und zwar so, dass ich nicht nachvollziehen kann, was sie wie haben und an wen sie es weitergeben), habe ich mich geirrt in seiner Bedeutung für mein Leben. Ja, ich liebe es, mich im Internet zu präsentieren und meine kleinen neurotischen Anfälle akribisch zu dokumentieren. Ich trete gerne in Kontakt mit Fremden und offenbare mich. Das geht aber nur, weil mich diese Menschen nicht persönlich kennen, weil ich mit einer anonymen Masse spreche. In der anonymen Masse gebe ich mir mit der Selbstoffenbarung die Bestätigung, lebendig zu sein, doch bei Facebook spiegele ich mich in erster Linie in den Menschen, die ich kenne, mit denen ich verschiedene Episoden in meinem Leben verbinde. Abgeschlossene Episoden. Im ersten Moment freue ich mich, die Gesichter alter Freunde auf Facebook wiederzuerkennen, frage mich, wo sie leben, was sie tun. Wir baden dann in Sentimentalitäten, die der Realität nicht entsprechen, so wie romantische Bilder in Magazinen Gefühle über Gefühle auslösen, die niemals gefühlt werden. Ich übertrage meine Gegenwart in meine Vergangenheit, die sich geschlossen in einem Raum befindet wie eine große Clique, die ich eigentlich nie hatte. Meine Freunde kennen sich ja kaum untereinander! Facebook jedoch ist wie ein Geisterschulhof, der dir im Traum begegnet. Bei Facebook sind immer alle da. Das ist anstrengend. Genauso wie der Versuch, die Gewissheit zu verschleiern, nur sich selbst zu haben. Denn Freundschaft ist eine Gemeinschaft der einsamen Geister, sie findet statt in dem Glauben an die Großartigkeit des Gegenübers. Jedes Medium ist grundsätzlich in der Lage, Freundschaft zu transportieren, die Sprache zu übermitteln.

Eine Zeit lang dachte ich, dass Facebook mir helfen würde, meine Vergangenheit und die Menschen darin zu erleben, besser mit ihnen verbunden zu sein. Aber das stimmt nicht: bei Facebook bestrahle ich sie vielmehr mit meinem Leben, das ich für die kleinen, begrenzten Statusnachrichten aufarbeite.

Und Menschen, die du bereits kennst, werden durch ihre Statusnachrichten bei Facebook nicht unbedingt interessanter. Schlimmer noch: meistens liest du plötzlich die politische Meinung von jemandem, mit dem du bisher ungezwungen Spaß hattest beziehungsweise glaubtest, diesen gehabt zu haben. Niemals wollte ich wissen, dass meine gute Freundin aus der Schule zu Guttenberg mag. Wir haben uns damals nur über Jungs unterhalten, aber dass sie Sozialhilfe abschaffen will, lässt mich an der Vergangenheit zweifeln und an meiner Menschenkenntnis. Es ist mir unangenehm. Ich möchte das nicht lesen, sehen, wissen- und das, obwohl es in unserer kulturellen Kodierung liegt, dass wir gerne viele Freunde haben. Große Cliquen sind ein Statussymbol, Netzwerker gelten als erfolgreicher. Die sozialen Netzwerke entsprechend zu bauen und mit Freundschaft zu assoziieren, ist maßgeblich geworden für das, was man heute Erfolg nennt. Freunde sammeln, archivieren, beobachten, vorzeigen. Ein virtuelles Poesiealbum.

Es ist Selbstbetrug, sich einzureden, nicht alleine zu sein, schießt es mir durch den Kopf. Freundschaft ist der lebenslange Versuch, eine Gemeinschaft zu schaffen, eine Gemeinschaft des Denkens und Lachens, des Redens und Schweigens, eine Gemeinschaft des Geistes. Maya und ich machen es uns nicht leicht. Seit Jahren sind wir befreundet, offline und online. Der Spiegel, den sie mir vorhält, blendet und schmerzt und ist manchmal schwer zu ertragen. Und doch setze ich mich dem aus, auch um mich selbst in ihr zu erkennen.

Ihre Ignoranz gegenüber den Problemen dieser Welt belastet mich so sehr, wie sie mich verführt. Mit ihr kann ich meinen Weltschmerz vergessen, in der Verzweiflung über die Welt als ewiges Hamsterrad erscheint die Flucht in die Subjektivität charmant, ja verwegen. Wer traut sich denn schon zu sagen, dass die anderen Menschen irrelevant für die eigene Lebensplanung sind? Maya traut sich das – auf ihre naive und trotzige Art, die Welt gerade *nicht* zu verstehen. Sie versteckt sich hinter Kaschmirpullovern und Opernbesuchen (obwohl sie von Oper keine Ahnung hat), die ihr eine seltsame Sicherheit geben, so in der Welt zu leben, wie es ihr richtig erscheint: frei und selbstsüchtig. Auf die Bewunderung folgt jedes Mal der Moment der Ernüchterung, in dem mir die Tatsache, dass dieser Strudel der Ignoranz mich packen konnte, wie eine Bankrotterklärung meines Geistes vorkommt. Dann beginnt die Entfremdung von Maya und ich krame mein idealistisches Ich wieder hervor und greife sie an. An diesem Punkt wird das Internet regelrecht zum Feind unserer Freundschaft, weil digitale Kommunikation, das, was wir ohnehin schon schwer ausdrücken können, oft zusätzlich und unnötig verzerrt. Manchmal sitze ich vor dem Bildschirm und schreie laut angesichts dessen, was Maya mir abermals um die Ohren tippt. In das Fenster des Chats schreibe ich jedoch einen Satz, der mich abgebrüht wirken lässt, versehen mit einem grinsenden Smiley ;-) – kein Smiley provoziert stärker durch seine Selbstherrlichkeit. Kein Smiley täuscht Desinteresse besser vor. Kein Smiley drückt unsere zwanghafte Ironie besser aus. Nichts ist so gemeint, wie es geschrieben wurde. An alles kommt der alles relativierende Smiley. An alles. Mit diesem Smiley mache ich mich unangreifbar, ich stelle alles infrage, meine nichts so, wie ich es sage. Dieser Smiley ist mein Schutzschild, hinter dem ich alles sagen kann, was mich umtreibt: jede Bösartigkeit, jede Frechheit, alles Verletzende. Ich kann all das sagen, was ich mich ohne Smiley nicht traue. Und dank Smiley merkt mein Gegenüber nichts von meinem emotionalen Ausbruch, sondern liest nur einen Satz, der ebenso cool wie verletzend gedacht ist und an dessen Ende dieser hochnäsige Smiley steht. Habe ich anschließend erreicht, was ich wollte – Maya lässt nun ihrer Cholerik freien Lauf –, sitze ich mit einem strammen Hauch der Genugtuung vor den wild auf meinem Bildschirm aufspringenden Buchstaben. Wird es mir zu viel, klappe ich den Laptop einfach zu und stelle mir die tobende Maya in einem Käfig vor, denn ihre Wut kann mich nicht von Angesicht zu Angesicht erreichen. Dass sie mich dennoch immer trifft, muss sie ja nicht wissen.

Dass eine Freundschaft im Netz durchaus funktionieren kann, beweist meine rein digitale Freundschaft mit Junto. Ich lernte den Internet-Aktivisten aus dem Nahen Osten bei einem von Mortensens IRC-Chats kennen. Mortensen, der Junto auch nur über das Netz kannte, hatte schon viel von ihm berichtet, und so fiel mir der Name in der Liste der Chatteilnehmer sofort auf. Wir merkten schnell, dass wir uns viel zu sagen hatten. Wir diskutieren vor allem über Politik. Mit jedem Gespräch wächst unsere Vertrautheit. Wenn wir chatten, ist es, als sähen wir uns in die Augen. Und obwohl ich Junto noch nie in die Augen geguckt habe, vertraue ich ihm, mag ihn und, ja, wertschätze ihn als den Menschen, der er ist. Ich habe gar nicht das Bedürfnis, ihn persönlich zu treffen, so gut kenne ich ihn. Ich fühle mich eher wie ein Romantiker, der in der Ferne die Intensität verspürt. Wir haben eine Geschichte zusammen, wir haben Geheimnisse und ein ganzes Set an Humor und Themen. Das verbindet uns, auch wenn wir uns noch nie getroffen haben. Einmal war Junto in Deutschland. Aber ich habe ihn verpasst. Zum Glück.

Funktionierende digitale Freundschaften können miserabel werden, wenn die Körper zur gleichen Zeit am gleichen Ort sind. Viel zu oft ist es mir schon passiert, dass ich darauf gepocht hatte, Menschen zu treffen, deren Internetart ich liebte, nur um anschließend zu merken, dass wir uns im echten Leben nichts zu sagen haben. Wo war der Charme, der Esprit, der Witz von @Mlle_Amalthea? Stattdessen große, leere Augen, versiegelte Lippen und die Frage: Wie kannst du in 140 Zeichen so sprühend sein, wie du bist, wenn du doch so scheu bist, wie du bist?!

Einvernehmlichkeit im Geiste kann leicht an den Körpern scheitern. Oder umgekehrt an der bloßen Reduktion auf den Geist. Junto und ich kommunizieren vor allem über das geschriebene Wort, das mittlerweile die gleiche Geschwindigkeit erreicht hat wie das gesprochene. Und so lerne ich auf eine neue Art Menschen kennen und lieben.

Digitale Freundschaft tippe ich in die Suchmaschine und hoffe auf clevere Artikel, die das Phänomen erläutern und Licht ins Dunkel der metamodernen Freundschaft bringen. Hilfreich erscheint mir das alles nicht. Freundschaft ist ein Konzept der Moderne, gebunden an alles, woran wir glauben: Gleichheit, Wahlfreiheit und Individualismus. Wir begegnen unseren Freunden auf Augenhöhe, dass sie einem Zweck dienen, ist verpönt. Unsere Freundschaften bestehen außerhalb unseres täglichen Tuns, wir sind nicht abhängig von unseren Freunden, die wir selbst wählen. Freunde sind die Familie, die wir uns selbst aussuchen; das Versprechen der Aufklärung ist die Freiheit, über unser Umfeld zu bestimmen. Freundschaft wird so zu dem Ort, der vor der bösen Welt beschützt. Digitale Freundschaften sind anders und doch irgendwie gleichwertig. Jede Freundschaft hat ihre Sprache, ihre Form der Kommunikation. Chatten zerstört keine Freundschaft – Freunde tun das. Und Facebook erhält keine Freundschaft, Facebook stellt sie nur ins Schaufenster.

Ich liebe nicht mein Land, ich liebe das Internet

tl;dr: Im Laufe des Studiums wurde mir klar, dass das Internet die Chance sein könnte, Demokratie und Meinungsfreiheit weltweit auf eine neue Stufe zu heben. Wir gründeten damals sogar einen virtuellen Staat. Die Rechnerwolke hat ihn sich längst einverleibt. Dafür gibt's jetzt die Piraten …

Am unteren Bildschirmrand leuchtet Juntos Name. Eine seiner üblichen Fragestunden:

– Was fühlst du für Deutschland?

Ja, was verbindet mich mit Deutschland? Mit der deutschen Nation? Eine Nation ist eine ideelle Gemeinschaft, die entsteht, weil die Menschen es wollen. Aber wollte ich die deutsche Nation jemals? Und diese Vorstellung von Volk, was soll das sein? Alle, die Deutsch sprechen, sind deutsch und vereint? Ich fühle mich Junto viel näher als den meisten meiner Nachbarn.

– Gute Frage. Natürlich spreche ich Deutsch, ich mag die deutsche Sprache. Ich liebe die deutsche Literatur.

– Steppenwolf, das weiß ich!

– :) Ja, Steppenwolf! Aber auch vieles andere. Ich

mag das deutsche Klima und die Natur. Das Essen. Na ja, was heißt das schon? Ich bin aus Zufall in Deutschland als Kind von Menschen geboren, die in Deutschland geboren sind. Ich glaube nicht an Nationen.

– Warum nicht?

Junto quetscht mich heute aus, ohne etwas über sich zu erzählen. Manchmal ist es leichter, Fragen zu stellen, als welche zu beantworten. Ob er sich sehr mit seinem Land identifiziert? Wir finden die Demokratie selbstverständlich, kritisieren unsere Politiker. Da, wo Junto herkommt, riskieren die Menschen für die Demokratie gerade ihr Leben. Ich habe Angst, Junto zurückzufragen. Irgendwie möchte ich die Antwort gerade nicht lesen und tippe:

– Nationen sind Erfindungen der Menschen. Ich wurde in eine Gesellschaft geboren, die sich als deutsche Nation versteht. Dadurch bin ich gebunden und gezeichnet. Ebenso wie von der sozialen Situation: Sind meine Eltern reich und gebildet? Bin ich Waise? Oder wachse ich während eines Krieges auf? Das sind Bedingungen, die ich nicht ändern kann.

– Glaubst du an Zufälle?

– Eher an Wechselwirkungen, die stattfinden, ohne jedoch zielgerichtet zu sein. Trotzdem ist es leichter, wenn man sein Leben so führt, als mache alles irgendwie Sinn. Karma oder so.

– Aber verbindet dich nichts mit deinem Land?

– Mein Land? Ich verstehe nicht, was mein Land sein soll. Deutschland im Jahr 2012? Zu Recht ist Nationalismus in Deutschland verpönt. Nationalismus ist die komische Vorstellung, dass die Gesellschaft, in der ich lebe, irgendeinen übergeordneten Sinn hat. Die zufällige Verbindung wird heiliggesprochen. Aber klar, ich fühle mich auch mit Deutschland verbunden, vor allem mit seiner Kultur. Ich kenne das Land, die Geschichte, die Mentalität. Ich weiß, wie Deutschland riecht, auch wenn es manchmal furchtbar stinkt. Es ist mir vertraut. Vertrautes ist bequem. Es lässt mich sein, ohne mich zu sehr zu beschäftigen.

Ob ich das Gespräch weiterführen will, weiß ich nicht. Für Junto klinge ich ja doch nur wie ein verwöhntes Kind. Doch gerade angesichts seiner Situation packt mich wieder einmal die Verzweiflung über die Unabänderlichkeit der Welt. Und dieses Gefühl kenne ich nur zu gut. Diese existenzielle Verzweiflung hat mich Politik studieren lassen, sie hat mich aber vor allem jahrelang gelähmt.

Am 11. September 2001 drang die Weltpolitik radikal ins Leben der damals fünfzehnjährigen chloe.f.f.w ein. Was war da in New York passiert und wieso? Wer hatte was getan? Der Schock über die Bilder und vor allem über die Reaktionen darauf grub sich tief in ihr gerade entstehendes Weltbild ein. Brennende Flaggen, auffahrende Panzer, Trauer und Panik prasselten auf sie ein. Überfordert von der Welt, fraß sie sich bald durch Wikipedia und diverse Nachrichtenportale. Sie stieß auf Verschwörungstheorien, auf wahnsinnige Ideen und eine Welt, deren Abgründe sie nicht wahrhaben wollte. Sie beschäftigte sich mit Vietnam, dem Iran und Afghanistan. Schließlich las ihr Oberstufenkurs ein Buch, das keine schlimmere Wirkung hätte haben können. Kants »Zum ewigen Frieden« desillusionierte sie vollkommen und anhaltend. Gleich die ersten Zeilen fuhren ihr ins Mark.

»Zum ewigen Frieden. Ob diese satyrische Überschrift auf dem Schilde jenes holländischen Gastwirtes, worauf ein Kirchhof gemalt war, die Menschen überhaupt, oder besonders die Staatsoberhäupter, die des Krieges nie satt werden können, oder wohl gar nur die Philosophen gelte, die jenen süßen Traum träumen, mag dahin gestellt seyn.«

Sie realisierte, dass wir uns seit dieser Schrift im Prinzip nicht weiterentwickelt haben. Schlimmer noch: Die Lösungen waren alle bereits gedacht worden. Nur hielten sich die Menschen nicht dran. ALLES SCHON DA GEWESEN! Kaum eine Parole reflektierte ihre Haltung so sehr wie Francis Fukuyamas »Ende der Geschichte« – tja, und jetzt?

Es war anx, der alles änderte. Ob chloe.f.f.w sich in ihn verliebte und jade wurde, weil er ihr einen neuen Anfang der Geschichte zeigte, oder ob jade den neuen Anfang sah, weil sie sich verliebte, ist unbedeutend.

Nach all den Jahren auf der gemeinsamen Schulbank hatten sich Christian und chloe.f.f.w zunächst aus den Augen verloren. Dann tauchte Christian plötzlich wieder auf – als ein anderer. Er nannte sich anx. Seine Aura war plötzlich eine Mischung aus Che Guevara, Jesus und einem Cyborg. Die Haare lang, die Kleidung militärisch, die Haltung zur Welt gefunden. anx und jade saßen die meiste Zeit gemeinsam vor ihren Rechnern und ließen sich von der politischen Aufbruchstimmung im Netz mitreißen. Sie machten Politik aus Notwehr. Einflussreiche Gruppierungen hatten nach Jahren der Ignoranz plötzlich das Netz als Feind entdeckt. Von Netzsperren war die Rede. Auch davon, dass Urheberrechtsverstöße streng geahndet, das Netz kommerzialisiert und reguliert werden sollte. Bisher hatte man die Netzgemeinde frei sein lassen in den unbestimmten Sphären. Doch die Mittel wurden erbarmungsloser. Der Ton rauer. Das jahrelange Schattendasein der Digital Natives war plötzlich von Interesse für die Mächtigen. Und warum? Weil das Netz nicht so tickt, wie sie das gerne hätten. Und weil es ihre Welt bedroht. Wenn anx nachts stundenlang im Chat Dinge mit und für Wikileaks tat, dann war jade stolz. Sie hoffte, dass Wikileaks die Welt besser machen würde. Transparenter. Dass die Aktivitäten korrupter Verbrecher, die ihre Macht missbrauchen, aufgedeckt würden. Endlich könnte es Dokumente geben, die die Verstrickungen der Geheimdienste nachweisen.

Endlich würde es jeder glauben müssen. Endlich gäbe es Beweise.

Wikileaks ist gescheitert. Auch an internen Querelen. Aber Wikileaks ist mehr als eine Plattform, es war die Geburt des Leakens. Leaken – also Informationen der Öffentlichkeit zugänglich zu machen, die ihr vorenthalten werden sollen – ist eine effektive Waffe gegen Machtmissbrauch. Eine mächtige Idee. So mächtig wie ein Gesetz, das Regeln setzt für das Zusammenleben von Menschen.

Zur Zeit unserer Politisierung nahmen die meisten das Internet noch gar nicht wahr oder nicht richtig ernst. Doch wir fühlten uns eingeengt und verspürten den Drang, die Kohlenstoffumgebung zu verändern. Eines Abends kam jade bei einem Gespräch mit anx ein Einfall:

»Ein Staat ist ja nichts als eine Idee, anx. Die Idee, dass eine definierte Menge Menschen auf einem definierten Landstrich definierte Dinge tut, um der Definition Staatsbürger zu entsprechen.«

»Vorausgesetzt, dass alle definierten Einheiten diese Idee anerkennen.«

»Eigentlich könnten wir einen virtuellen Staat ausrufen! Mit virtuellen Wahlen. Mit virtuellen, freiwilligen Staatsbürgern, die eine virtuelle Identität haben. Aber mit einer echten Heimat! Was ist Heimat in der digitalen Welt?«

anx ist in einem tranceähnlichen Zustand, außer »127.0.0.1.« sagt er nichts.

»Und 16 mbit/s. Mindestens. Die Geburt ist nicht länger ein Gefängnis, wenn man den Staat, in dem man leben will, nach den Werten und Zielen, die die eigene Haltung repräsentieren, wählen kann. Und unsere Ziele sind klar. Sie sind virtuell, sie sind utopisch.«

»Sie sind eine iTopie.«

anx hält inne. Für eine Sekunde scheint es, als stehe die Welt still. Die mühsam aufgebaute, in allen Details ausgefeilte Welt, in der sie aufgewachsen sind, steht infrage. Und dann morpht jedes Puzzlestück an seinen eigentlichen Platz. An den Platz, den es vorher nie als den richtigen für sich erachtet hätte. anx umarmt jade stürmisch, küsst ihr Gesicht überall, trifft nicht die eigentlichen Stellen, drückt sie an sich.

Ist die Idee nicht Quatsch? Im Kopf geht sie durch, was ihre Staatsrechtsprofessoren dazu sagen und wie sie sie belächeln werden. Dabei ist das Ganze durchaus plausibel. Es ist ja nicht so, dass ein virtueller Staat völlig abwegig wäre. Im Gegenteil, der Gedanke liegt unglaublich nah, er springt einen quasi an. jade windet sich aus anx' Umarmung:

»Ein virtueller Staat braucht prinzipiell viel weniger als ein materieller. Es braucht einen Server, einen Zugang und es braucht Menschen. Es braucht Leben. Konzept. Definition.«

»Also brauchen wir erst mal eine Internetseite. Wie wär's mit iTopy? Oder openstate? Ostate? Net? Org? Man muss sich einloggen können, diskutieren, Informationen aggregieren, austauschen, beraten, evaluieren. Eine Zeitung! Und wir müssen kooperieren. Wir machen riesige Konferenzen im Internet. Wir protestieren gegen RFID und Stasi 2.0; gegen den Innenminister und staatlichen Sicherheitsterror. Wir kämpfen. Wir leisten Widerstand. Wir sind das Volk.«

»Vielleicht sollten wir ein Manifest schreiben? Wir müssen ja vorbereitet sein, wenn sie uns dann vielleicht mal anerkennen!«

jade ist in diesem Moment so überzeugt wie selten. Also schreiben sie in einer Etherpadinstanz, die anx selbst programmiert hat. Vorsichtshalber. Er schreibt in Blau, sie in Rosa:

09.02.2006
An die Welt, das Universum, die Menschen und alle, die fähig sind, mit eben jenen in Kontakt zu treten.

Überzeugt davon, dass die Menschen nicht die einzigen empfindungsfähigen Lebewesen in den Weiten des Universums sind, widmen wir diese Worte allen, die fähig sind, es sich zu erschließen. Alle empfindungsfähigen Wesen sind gleichberechtigt und haben das Recht, Rechte zu haben. Rechte, die uns Menschen vor Willkür und Gewalt schützen sollen, sollen auch alle anderen empfindsamen Wesen im Universum schützen.

Wir stehen für universelles Recht. Lediglich Verteidigung gegen eine feindlich gestimmte und angreifende Lebensform darf als legitim bezeichnet werden. Das

Einbeziehen einer alternativen Lebensform außerhalb der Erde sollte aber für niemanden als lächerlich gelten, da eine generelle Verneinung eben dieser von aufgesetzter Arroganz des humanen Individuums zeugt. Aber nur ohne sie ist eine echte, universale Demokratie möglich.

Die Forderung nach einer direktdemokratischen Umgebung ist eine logische Folge der Demokratie selbst. Einige Staaten auf diesem Planeten praktizieren sie bereits. Dennoch: Die unglaubliche Masse von Bürgern macht diesen Schritt in den meisten Staaten unmöglich. Die Freiheit befindet sich in einer Falle der Repräsentation, die direkten Einfluss der Menschen nicht mehr ermöglicht. Mit dem Internet wurde der Ruf nach direkter Demokratie wieder laut, ebenso der Ruf nach freien Wahlen über das Internet, nach einer neuen Weltordnung.

Der Cyberspace wurde vor zehn Jahren für unabhängig erklärt, obwohl er das immer gewesen ist und sein wird – wenn mensch weiß, wie er zu benutzen ist. Dieser virtuelle Staat wird eine Grundlage für eine Gemeinschaft aller Menschen, aller empfindsamen Wesen legen. Deswegen proklamieren wir heute hier oState.org – einen virtuellen Staat.

»Du weißt schon, dass das irgendwie Quatsch ist, oder?«

»Ja. Aber einen Versuch ist es wert.«

Knapp sechs Jahre später, im Frühjahr 2012, tippe ich *oState.org* in die Browserzeile. Es erscheint eine Seite, die mir elektronisches Büromaterial anbietet. Unser Staat ist weg, die Wolke hat diese frühe Version einer Liquid Democracy gnädig verschluckt. Beim Blick auf die dürftige Auswahl des neuen Onlineshops mit Dollarpreisen erinnere ich mich wehmütig an die Ernsthaftigkeit, mit der wir versuchten, diesen Staat mit Leben zu füllen. Wir trafen uns in einer idyllischen Hütte im Schwarzwald, gaben tatsächlich eine Zeitung heraus, hinterfragten die internationale Politik und forderten ein bedingungsloses Grundeinkommen sowie freien Zugang zu Wissen und Kultur, den Schutz der Privatsphäre und die Integrität des Netzes.

Einen aus der Zeit habe ich letztens bei den Piraten getroffen. Eine von ihnen kannte Junto. Und eine ist gestorben.

Sich am Weltgeschehen verschlucken

tl;dr: Das Internet bringt die ganze Welt in mein Wohnzimmer, Elend und Ungerechtigkeit inklusive. Bin ich dafür verantwortlich, wenn im Nahen Osten gemordet wird oder ob es in der äußersten Mongolei Demokratie gibt? Niemand kann überall gleichzeitig sein, und es ist in Ordnung, mit der politischen Arbeit im eigenen Land zu beginnen. Aber ich kann zumindest für die Freiheit und Anonymität des Netzes eintreten. Für alle, überall.

Revolution. Es ist so weit. Die News-Ticker flippen aus. Revolution im Nahen Osten. Erst Tunesien, dann Ägypten, jetzt Juntos Heimat. Mortensen ist seit Stunden damit beschäftigt, die Internetversorgung für die Demokratisierungsbewegung sicherzustellen, denn Juntos Regierung sabotiert das Netz.

Der Bildschirmrand flackert, das Autorisierungsfeld öffnet sich. Ach, SPAM, denke ich und klicke aus Langeweile auf das Profil. Normalerweise steht da etwas in kyrillischen Buchstaben, oftmals in Kombination mit lateinischen Buchstabenfolgen wie *sexyGirl1993*. Diesmal nicht. Diesmal ist es Junto. Mein Atem stockt. Er hat seinen Rechner und alle Accounts neu aufgesetzt. Mortensens Plan ist also aufgegangen. Ich hatte seit dem letzten Chat nichts mehr gehört, nur Mortensen hatte berichtet, dass es Junto gut gehe. Soweit das überhaupt möglich ist. Denn das Internet spricht anderes, von Mord und Folter, von Gewalt und Verhaftungen.

Junto schreibt: *In diesen Zeiten sind wir alle Familie. Menschen. Vergesst das nicht. Das Blut unschuldiger Menschen. Unser Blut. Die Tränen der Eltern, der Freunde und Liebsten. Vergesst das nicht. Vergesst unsere Geschichten nicht. Bitte.*

Erstarrt blicke ich auf die Zeilen. Was kann ich tun? Kann ich etwas tun? Während mir Tränen die Wangen herunterlaufen, weiß ich nicht, wie ich reagieren soll. Was soll ich ihm sagen? Wie kann ich ihm Mut machen? Ich sitze Tausende Kilometer entfernt, habe keinen Einfluss auf die politischen oder gar militärischen Entscheidungen des Westens. Soll der Westen überhaupt eingreifen? Was in Juntos Heimat passiert, grenzt an staatlichen Massenmord. Oder ist einer. Ich weiß es nicht. Ich spüre, dass mich das etwas angeht, und habe Angst um Junto – und doch stehe ich in seltsamer Distanz zu dem, was er schreibt. Einerseits bin ich froh, von ihm zu hören, andererseits fühle ich mich so schlecht und hilflos, dass ich einen Moment lang wütend auf ihn werde. Wieso setzt er mich dem aus? Oder vielmehr das Internet. Ich sitze ohnmächtig vor dem Bildschirm, bin mitten im Geschehen, ohne etwas tun zu können.

Junto schreibt weiter über seine Hoffnung und den Willen, für Freiheit, Gleichheit und Gerechtigkeit zu kämpfen. Er glaubt daran, dass wir eine gerechte und freie Welt schaffen können. Er spricht davon, dass er den Sieg für die gute Sache vielleicht nicht mehr erleben wird. Ich beginne zu schluchzen. Zum Glück sieht mich Junto so nicht. Er würde versuchen, mich zu trösten. Das wäre mir peinlich. So kann ich ihm sagen, dass er für das Richtige kämpft. Und dass ich ihn bewundere. Von meinem Schreibtisch aus kann ich ihn in seinem Mut bestärken, den ich selbst kaum hätte.

Traurig und aggressiv klappe ich den Rechner zu. Vor meinem geistigen Auge erscheinen Fernsehbilder von verhungernden Kindern, die mit großen Augen und aufgeblähten Bäuchen in die Kamera blicken. Die Bilder aus den KZs mit den ausgemergelten Leichen. Ich denke an das Essen, das wir täglich wegwerfen, die Stunden, die ich vor Monitoren verbringe, die kleinen Probleme und Streitigkeiten über hellblauen Lidschatten und Altersbeschränkung bei Bobbycars. An die Menschen, die auf dieser Welt schuften, damit ich für 39,90 eine Digitalkamera erwerben kann.

Ein Rat versammelt sich in meinem Kopf, besetzt mit Karl Marx, Ulrike Meinhof, Theodor Adorno, Marie Antoinette, Ralf Dahrendorf, Hannah Arendt, Max Weber, meinen Eltern (wobei Vater von der Unmöglichkeit des Kommunismus spricht und Mutter von der Devise, jeder Mensch sei so, wie er ist, in Ordnung).

Friedrich Nietzsche, Kurt Schumacher und Konrad Adenauer sind auch dabei, und sie streiten. Über Sinn und Unsinn der Marktwirtschaft, über die menschliche Natur und die Durchsetzbarkeit von Idealen, über Moral und das gute Leben. Einige schreien, andere weisen darauf hin, dass wütende Menschen nicht denken, was Marie Antoinette mit einem süffisanten »Ist doch egal!« beantwortet. Hitler und Stalin habe ich heute mal ausgeladen. Ebenso Hegel. Mich überkommt ein bebendes Bedürfnis, diese Welt zu verändern, radikal, jetzt. Ich klappe den Rechner wieder auf.

Junto ist weg. Ich habe mich nicht von ihm verabschiedet.

Stattdessen huschen am linken Bildschirmrand die Nachrichten des Tages vorbei. Irgendein Popstar ist gestorben. Und es gab eine Flutkatastrophe mit ein paar hundert Toten in Afrika. Ein Maßnahmenplan gegen den Klimawandel ist geplatzt. Ich kann der Bombardierung einer Stadt in Libyen per Stream zuschauen. Im Zoo von Pjöngjang ist ein Kamel gestorben, ein Panther hat es gefressen. Das YouTube-Video wird wieder und wieder im Fernsehen gezeigt.

Das digitale Zeitalter vernetzt uns mit dem Rest der Welt. Elend und Not sind noch viel mehr Teil von mir, als sie es im Zeitalter des Fernsehens waren. Jeden Tag prasselt der wahre Zustand dieser Welt auf mich ein, erdrückt mich mit der Forderung nach Verantwortung, danach, mein Leben anders zu gestalten, alle Leben anders zu gestalten. Jeden Tag lese ich von Ausbeutung und Machtmissbrauch irgendwo auf der Welt, von Menschen, die leiden, von korrupten Regierungen, Kriegstreibern, Waffenhändlern, gierigen Konzernen und Superreichen. Ich lese über irrelevante Promis und Abnehmtipps, über Geldvernichtung und andere absurde Auswüchse menschlicher Kultur, und ich fühle mich schäbig. Jeden Tag versuche ich zu handeln. Jeden Tag scheitere ich. Mein Leben ist durchzogen von Inkonsequenz, dauernd lebe ich im Widerspruch dazu, dass ich es besser weiß oder wissen müsste, als ich tatsächlich handle. Es gibt kein konsequentes Leben im falschen.

Das Internet transportiert die ganze Spannweite menschlichen Seins und der Antworten auf dieses Elend – und trotzdem wird mir ständig bewusst, dass wir nichts gegen die Missstände tun können. Es gäbe so vieles besser zu machen. Aber wo anfangen? Bei uns, die wir selbst genug damit zu tun haben, das Leben zu meistern? Überfordert von eigenen Problemen, werden wir von den Problemen der anderen weiter in den moralischen Abgrund gezogen. Und doch: Kann man jemandem vorwerfen, kein Elend erlebt zu haben? Leid nur aus der Betrachtung zu kennen?

Wieder eine Petition. Seit es die Petition gegen Netzsperren geschafft hat, viele Unterschriften zu sammeln, trudeln jede Woche neue ein. Mit einem Klick rette ich die Welt, das ist die Absicht. Klicken für Ideen, für Protest. Es gibt inzwischen massenhaft Politklicker. Sofa-

Aktivisten. Ist es tatsächlich eine Verbesserung, wenn sich Menschen so populistisch und oberflächlich mit den Problemen in Afrika beschäftigen? Zufällig geraten wir auf eine Seite im Netz, werden Zeuge, wie Kinder sterben, weil sie am falschen Ort geboren wurden. Wir sehen ihnen dabei zu. Wir filmen sie, stellen sie aus. Und die werbefinanzierten Portale ziehen daraus Profit, je mehr wir klicken, desto mehr. Wir beobachten, ohne uns ernsthaft dem zu stellen, was zu diesem unnötigen Leid und Elend führt. Gefällt mir, gefällt mir nicht.

Die neuen Kommunikationsformen überwinden die Distanzen und bringen uns jeden Ort der Welt ins Wohnzimmer. Doch bringen sie uns dadurch Nähe? Macht es mich nicht einfach nur sinnlos betroffen?

»Du musst dir deiner Begrenztheit bewusst werden. Dann kannst du auch andere akzeptieren, weil sie andere Fähigkeiten und Kompetenzen in ihrer Begrenztheit haben.« Diese Worte finde ich in einem Interview mit Vilem Flusser. Er spricht von Demut und dass ich nicht dafür verantwortlich bin, »ob in der äußeren Mongolei Demokratie eingeführt wird oder nicht«. Mir gefällt das, auch wenn es unbefriedigend ist. Denn Flusser hat recht, wenn er sagt, dass die Ethik des Konkreten im Endeffekt wie Nationalismus ist, denn sie bezieht sich nur auf das Unmittelbare in meiner Umgebung. Auch wenn diese Umgebung virtuell ist.

Trotzdem gibt es auch bei uns moderne Helden. Echte Aktivisten, die ihre Arbeit den Veränderungen widmen, die vom Sofa aufstehen. So wie Mortensen. Kleinkriminelle Freunde zeigten ihm, wie man digitale Sicherungssysteme knackt. Kleine Jungs – der größte Feind der CIA im digitalen Zeitalter. So wurde aus Mortensen ein Hacker. Und das Hacken gab ihm den Glauben daran, etwas bewegen zu können, zurück. Hacken ist eine Philosophie radikal eigenverantwortlichen, regelbrechenden Handelns. Mortensen lernte, »die Welt« zu programmieren. Er lernte, Einfluss zu haben. Seit er allerdings öffentlich über das spricht, was er tut, häuft sich der Hass gegen ihn. Inzwischen hat Mortensen ein paar Nachrichtendienste gegen sich. Es bleibt nicht ohne Folgen, wenn man Rebellen unterstützt und ihnen erklärt, wie sie sich der staatlichen Observation entledigen können. Und so anonymisiert Mortensen zunehmend sein eigenes Leben. Doch Datenschutz konsequent zu leben erfordert heute große Hingabe.

Wie man sich im Netz mehr oder minder unerkannt bewegt? Ist gar nicht so einfach!

(Es folgt: eine Anleitung)

Schecks und Kartenzahlung sind tabu, alle Zahlungen müssen bar getätigt werden. Keine Briefe und Post an die tatsächliche Adresse. Generell darf die Adresse nicht notiert sein. Auch nicht beim Meldeamt. Damit ist bereits die Grenze des Legalen überschritten.

Dann: Verschlüsselung ist das Herz eines datenschutzbewussten Lebens. Verschlüssle alle Verbindungen, die du aufbaust. Gib nie dein Geburtsdatum an, denn viele Datensätze, vor allem in Behörden, sind darüber zugänglich. Passwörter müssen individualisiert und regelmäßig geändert werden. Sie bestehen idealerweise aus circa 30 Sonderzeichen. Das Netz kann nur eingeschränkt genutzt werden. Nach jeder Reise und jedem Scan durch die Sicherheitssysteme etwa am Flughafen ist ein neuer Laptop notwendig, denn es werden nicht selten Spionageprogramme bei solchen Sicherheitskontrollen installiert. Ohne dein Wissen.

Alles muss über Proxys laufen, Zwischenstellen, die den Ursprung der Daten verschleiern. So funktioniert beispielsweise »TOR«. TOR steht für The Onion Router: Wie bei einer Zwiebel gibt es mehrere Verschlüsselungsschichten, die mehr oder minder unabhängig voneinander sind. Zumindest so unabhängig, dass sie einzeln ver- und entschlüsselt werden müssen. Im Grunde genommen funktioniert es wie Stille Post in der Schule. Zettelchen werden weiter- und zurückgegeben, und jeder kennt nur das unmittelbare Ziel und seine direkten Vorgänger. Ein Proxy unterbricht den Datenfluss, schaltet sich dazwischen und führt die Observatoren damit in die Irre. Damit TOR effektiv funktionieren kann, muss es viele Knotenpunkte geben. Jeder, der einen Proxy auf dem eigenen Rechner laufen lässt, leistet digitale Solidarität, mit den Men-

schen, die Sperren und Einschränkungen in ihren Ländern umgehen können.

Man schenkt diesen Menschen quasi einen Tarnumhang. Das ist eine Art, dazu beizutragen, dass Menschen anonym und frei kommunizieren können. Frei von sozialem Druck und Mehrheitsterror.

Anonymität bringt aber auch Herausforderungen mit sich, vor allem bezüglich der Umgangsformen. Wüste Beschimpfungen und Unterstellungen, Drohungen und sexuelle Belästigung äußern sich im Schutz der Anonymität ungehemmter. Ein Preis, den ich gerne für freie Meinungsäußerung zu zahlen bereit bin. Denn noch nie lag uns das, was die Menschen wirklich denken, so detailliert dokumentiert vor. Deswegen unterstütze ich auch, dass Mortensen nicht unterscheidet zwischen guten und bösen Nutzern anonymer Kommunikation, die vielmehr ein Grundrecht ist. In Gut und Böse einteilen, das geht nur mit Überwachung der Nutzer und ihrer Datenströme. Anonymität ist aber eben die Abwesenheit von Überwachung. Wie viel Anonymität eine Gesellschaft braucht? Viel. Mortensen braucht TOR jedes Jahr, das ich ihn kenne, ein bisschen mehr. Es wird immer gefährlicher für ihn, im Netz zu agieren. Warum er es trotzdem tut? Das fragt er sich auch.

Sex geht auch online

tl;dr: Es gibt Tage, an denen man Dinge tut, für die man sich am nächsten Morgen schämt. Daran ändert auch das Internet nichts. Digitalität kann sehr intim sein und darf auch deshalb nicht kontrolliert werden.

Leonard hat ein Talent, immer im ungünstigsten Augenblick seine Chatanfragen zu schicken. Egal, ich wollte sowieso nichts mehr arbeiten und lasse mich auf das Gespräch ein. Leonard geht's heute offenbar nicht um kognitive Vorgänge, recht unverblümt tippt er:

– Let's talk about sex, Baby. Erzähl mir endlich von diesem One-Night-Stand.

Schon wieder … Leonard versucht bereits eine ganze Weile, mich sexuell zu verfangen, bisher habe ich immer abgelenkt. Wein habe ich genug getrunken, heute hat er mich.

– Ich weiß nicht mal, wie der Typ heißt. Es war in Spanien, an der Küste in der Nähe von Barcelona. Ich lag am Strand, als er sich mit einem herausfordernden Grinsen neben mich legte und mich fragte, ob er meine Hand halten kann. Ich kann mich kaum erinnern, wie er aussah, bestimmt groß und dunkelhaarig. Ich kann mich nur an diese tiefe durchdringende Stimme erinnern, mit der er mich dazu bringen würde, alles zu tun, was er wollte. Ich war wie gelähmt, schämte mich, nickte aber und flüsterte leise: Ja, bitte. Wir lagen da und mein Herz raste, mein Körper zitterte vor Lust auf diesen willkürlichen Typen, der mir bereits viel zu nah gekommen war mit seinem aufdringlichen Körpergeruch.

Ich höre auf zu tippen. Was tue ich hier eigentlich? Erotikgeschichten für Bastei-Lübbe schreiben?

– Erzähl weiter! Hast du ihn spüren lassen, dass du erregt bist?

– Ja. (Ich bin ja schon wieder am Tippen!) – Irgendwann ist er aufgestanden, immer noch meine Hand in seiner, und meinte, dass wir ins Meer gehen müssen. Abkühlen. Etwas benebelt bin ich ihm gefolgt, tapsend und mit dem dringenden Bedürfnis, ihn zu küssen, ihn anzufassen, seinen Schweiß zu lecken. Ich schwieg jedoch in seiner Gegenwart, so unglaublich das vielleicht klingt. Langsam tauchten wir in den kühlen Wellen unter, immer noch Hand in Hand. Er zog mich wie selbstverständlich durchs Wasser, das meinen erregten Körper umschmeichelte.

Obwohl ich angesichts der schmalzigen Formulierungen fast in hysterisches Lachen ausbreche und mich auch selbst ein bisschen sehr toll finde mit meiner neu entdeckten Leidenschaft als Rosamunde-Pilcher-Pornographin, scheint der Wein meinen Kopf vollständig bestiegen zu haben. Ich empfinde gerade eine irritierende Form der Erregung, irgendwo zwischen Scham und kompletter Entgrenzung. Meine Brüste ziehen sich zusammen.

– Weiter …

Und auch wenn ich mir nicht sicher bin, ob das gerade richtig ist, was hier passiert, tippe ich weiter. Natürlich. Ich gebe Leonard, was er schon lange will. Also indirekt. Oder will er doch was ganz anderes? Dann würde er jetzt nicht tun, was er tut.

– Nach ein paar Zügen erkenne ich von Weitem eine kleine Lagune. Er tut es, denke ich. Wir tun es. Sanft steigen wir aus den Fluten und schnellen über die in der prallen Sonne erhitzten Steine. Er weiß, wo es langgeht. Wir setzen uns unter einen Felsvorsprung in den kühlen Sand, mein Busen bebt. Mit dem Zeigefinger streicht er mir über den nassen Bauch und wandert langsam über meine strammen Brüste bis hin zu meinem Mund. Ich atme schwer. Wir blicken uns in die Augen, bevor er mich im Nacken packt und seine salzig schmeckenden Lippen auf meine presst.

Dass ich das Tempus gewechselt habe, ist Leonard bestimmt nicht aufgefallen. Ob er mit einer Hand tippen kann?

– Das hat sich ja gelohnt, so lange zu warten!

Mich schaudert es, ich nehme einen großen Schluck Weißwein und tippe weiter. Ich habe mich jetzt in Erregung geschrieben, und obwohl ich mich schäme, höre ich nicht auf. Ich steigere mich von Sekunde zu

Sekunde mehr rein. Und ja, ich habe das Gefühl, das Meer riechen zu können, egal wie albern das selbst in meinen Ohren klingt.

– Seine Hände streifen über meinen Körper, meinen Po, meine Brüste, streifen über meinen Bikini, den er nun langsam auszieht. Er beugt sich über mich mit seinem durchtrainierten Körper, blickt mich von oben an, umarmt mich und ich spüre eine Explosion, die durch meinen Körper fährt. Ein tiefes Seufzen entringt sich mir. Immer und immer wieder. Schließlich trägt er mich, immer noch in mir, meine Beine um ihn geschlungen, ins Wasser. Ich lasse mich auf die Wasseroberfläche fallen und genieße die sanften Stöße.

Ich keuche leicht. Das ist aufregender, als ich ahnen konnte. Und dann mit Leonard. Ich starre auf das Fenster. Die Zeit ist verflogen.

– Die Sonne strahlt unsere Körper an und wir verlieren uns in uns, bis das Meer uns wieder am Strand anschwemmt. Im Sonnenuntergang blickt er mich an und fragt, wie ich heiße. Ich schweige. Danach sind wir zurückgeschwommen und ich habe ihn nie wieder gesehen.

– Das hat funktioniert …

Oh je, was ist hier genau passiert? Ich fühle mich besser, als mir lieb ist. Leonard ist voll eingestiegen. Ich kichere, klappe die billige Erotikgeschichte zu und gehe offline. Selbst schuld, wenn ihm nicht mal auffällt, dass die Figuren nicht verhütet haben.

Was ist falsch mit mir? Ich denke an eine bügelnde Hausfrau, die gelangweilt willkürliche Stöhngeräusche in den Hörer ächzt. Wieso sitze ich jetzt hier und tue Ähnliches? Noch dazu unbezahlt. Ich lüge und erfülle wissentlich und willentlich alle Klischees über Cybersex, obwohl ich das normalerweise weder erotisch noch sonstwie anregend finde. Und doch kann ich nicht bestreiten, dass auch mit mir etwas passiert ist. Ich fand es spannend, Leonard zu manipulieren, doch es war mehr als das. Ich muss mein Gegenüber kennen beim Cybersex, meine Phantasie hat noch nie ausgereicht, um mir einen Mann in Gedanken zu basteln. Ich brauche dafür echte Vorbilder. Echte Männer. Oder manchmal auch echte Frauen. Auch wenn sie fiktiv sind.

Wenn ich eines gelernt habe auf den austauschbaren Plattformen digitalen Seins, dann, dass es alles gibt. Regel 34: There is porn of it, no exceptions. Der Phantasie und der Pornographie sind keine Grenzen gesetzt. Den Abgründen auch nicht. Menschen, Tiere, Gegenstände, Phantasiefiguren, widerliche Gewaltelemente, Verstöße gegen die Menschenrechte. Für die Kannibalismusversion muss man zwar ein bisschen Mühe aufbringen, doch: Nichts ist unmöglich, es gibt den Kannibalenporno. Garantiert. Frauen, die an inneren Blutungen sterben, weil sie Sex mit einem Pferd haben wollten, sind für mich eine weniger schockierende Nachricht, als sie es sein sollte. In den dunklen Ecken des Internets findet sich die Vielseitigkeit menschlicher Vorlieben umfassend dokumentiert. »Gibt es nicht« gibt es nicht.

Ich lehne Pornographie nicht grundsätzlich ab. Wieso auch? Ich finde die meisten Pornos jedoch uninteressant. Pornos machen Spaß, wenn Frauen und Männer echten Spaß haben. Nicht diesen Spaß mit Spucke und Zischgeräuschen. Ich weigere mich zu glauben, dass Sex nur eine Ware ist und die Menschen das tatsächlich so sehen. Ich weigere mich zu glauben, dass Menschen die lustlos dreinschauenden Pornodarsteller, braun gebrannt, plastisch modelliert und künstlich befeuchtet, erotisch finden. Ich weigere mich zu glauben, dass Menschen nicht erst durch die Lust der anderen erregt werden. Ich weigere mich einfach. Vielleicht hoffe ich auch, dass mein digitales Gegenüber im entscheidenden Moment sagt, wie dämlich unser Gespräch ist, und mit mir über Hegels Dialektik sprechen will statt über anal eingeführte Baseballschläger. Vielleicht suche ich in der bitteren Realität aber auch nur verzweifelt die Bestätigung für meinen Glauben an das Gute? Doch, ich will durchaus Menschen beim Sex beobachten, die Spaß mit-, an- und ineinander haben. Ich will schöne Menschen sehen, mit Speckbäuchen und Cellulite, unterschiedlich großen Brüsten und Hoden. Menschen, die strahlen vor Lust, Erregung und Liebe. Ich will keinen Sex mit Puppen. Genauso wenig will ich Sex mit Menschen haben, die mir komplett egal sind. Und ich will auch nicht mit Menschen zusammen sein, die ihre Sexualpartner auf Löcher und Schwänze reduzieren. Ich will mich anerkannt fühlen, begehrt, bewundert, geliebt. Und genau das will ich auch sehen, lesen, hören.

Verrohen wir durch die Pornographie, den schnellen Sex, den bizarren Cybersex? Wieso sollten wir durch ausgelebte sexuelle Wünsche und Begehren verrohen? Jede Subkultur hat grundsätzlich das Recht auf Existenz. Alles kann Sex sein. Solange es freiwillig ist.

Dennoch ist die groteske Sexualisierung von allem(!) ein Problem. Wie die Tiere, die wir sind, drehen wir uns immer noch fast ausschließlich um Fortpflanzungsübungen, mit und ohne Fortpflanzung. Sex ist vollkommen überladen mit Erwartungen, Wünschen, Hoffnungen… Und die Möglichkeiten des digitalen Marktplatzes machen es noch schlimmer, die Vorstellungen noch verdrehter und die Angst vor echtem Sex größer, als sie es schon ist. Die Distanz zur echten Körperlichkeit wird größer vor dem Monitor. Muss ich so perfekt aussehen? Muss ich diese aufregenden Dinge tun? Muss ich das gut finden, was die da tun? Muss ich jeden Tag Lust auf Sex haben und bin ich unnormal, wenn ich nicht ständig masturbiere? Muss ich laut stöhnen? Muss ich alle Löcher zur Verfügung stellen? Muss ich immer wollen? Muss ich Buffering kennen?

Die allgegenwärtige Pornographie und Nacktheit

im Netz schürt unfassbare Erwartungen der Benutzer. Und leider bleiben sie nur allzu oft genau das auch beim realen Sex: Benutzer. Sie benutzen sich und das Gegenüber, sei es aus Plastik oder befellt.

Dennoch ist Cybersex mehr als autosexuelles Verhalten. Cybersex ist eine eigene Form der sexuellen Begegnung. Schließlich habe ich ja einen aktiven Partner, auf den ich mich einstellen muss, der mich vielleicht auch zurückweist, wenn ich Grenzen überschreite. Das tut meine Gummipuppe nicht. (Auf der anderen Seite ist es auch leichter, meiner Gummipuppe zu sagen, dass ich sie liebe, denn ich entgehe dem Moment der Unsicherheit, wenn ich darauf warte, dass meine Liebe erwidert wird.)

Das Netz erleichtert es, mich selbst zu entdecken, auszuprobieren, die Erfahrungen kritisch zu reflektieren und doch mögliche Grenzüberschreitungen zu vermeiden, denn ich kann jederzeit den Stecker ziehen. Ich bin geistig enthemmt genug, mich und mein Begehren zu verstehen. Ich kann sogar selbst Pornographie herstellen und sie online platzieren, sodass andere mich beobachten können. Ich lebe mich sexuell aus, auch wenn ich alleine vor dem Monitor sitze. Anonymität hilft dabei sehr. Gleichzeitig ist in einer Welt, in der 6000 Kilometer nur noch bedingt ein Hindernis für Beziehungen sind, die Digitalität eine Notwendigkeit. Sie offeriert die Möglichkeit, sich sexuell besser kennenzulernen und geheime Vorlieben und Wünsche auszusprechen ohne große Gefahr, den anderen damit zu überrumpeln. Es gibt sogar Vibratoren, die über USB und Netz durch einen anderen gesteuert werden können. Telefonsexerweiterungsmaschinen. Auch deshalb sind Sachen wie der Staatstrojaner gefährlich: Sie machen nicht halt vor digitaler Intimität.

Liebe in Zeiten der Austauschbarkeit

> ***tl;dr:*** *Früher war nicht jede Liebe möglich, was nicht selten Leidenschaft produzierte. Heute ist alles erlaubt und deswegen beliebig. Man bastelt sich ein rosarotes Luftschloss zusammen und hat zu viele tragische Filme gesehen – das kann nur als Drama enden.*

– Dieser Drang nach Anerkennung macht mich verrückt. Das ist eine Krankheit! Ich glaube, dass soziale Anerkennung in der Menschheitsgeschichte nie so eine starke Rolle gespielt hat wie heute.

– Ja, da hast du vollkommen recht. Vor allem bestimmt der Grad der Anerkennung den eigenen Selbstwert, die Selbstliebe. Dabei ist es so subjektiv, was Anerkennung ist!

Wir führen einen dieser Chats, der mich daran erinnert, wieso Maya und ich überhaupt befreundet sind. Während wir hochtrabend diskutieren, stelle ich mir das entschlossene Funkeln in ihren smaragdgrünen Augen vor, wie es aus ihrem hübschen, von dickem, aschblondem Haar eingerahmten Gesicht hervorsticht. Ich tippe:

– Viele verwechseln Anerkennung mit Begehren. Ich werde begehrt, also bin ich. Diese Verwertungslogik von Begehren und Zuneigung ist erschreckend. Entweder die

Masse findet dich begehrenswert oder du bist wertlos. Entweder du bist verwertbar oder nicht. Ökonomisierung oder Wertlosigkeit, dazwischen gibt es nichts. Und das Internet beschleunigt die Ökonomisierung noch. Ich habe letztens ein gutes Zitat dazu gelesen, sinngemäß: Das Internet präsentiert uns und die anderen wie auf einem Buffet und ermöglicht uns Wahlformen, die aus der ökonomischen Sphäre abgeleitet werden.

– Ja, und dabei wird verlangt und ermöglicht, dass ich morgen jemand komplett anderes sein könnte, als ich heute bin. Was ist eigentlich mit Leonard? Ist er immer noch hinter dir her?

Falsches Thema. Ist er. Und ich setzte keine Grenzen. Verdammter Wein. Das verrate ich Maya aber nicht. Ich schäme mich immer noch.

– Ach, schlimm. Ich mag ihn wirklich gerne, er ist witzig und sehr intelligent. Wir haben wunderbare Gespräche. Aber seine Blicke kleben an mir wie an einem Autounfall.

– Du bist ja auch eine Naturgewalt manchmal.

– Hör auf! Ich weiß genau, dass er mich als Trophäe betrachtet. Ich soll so was wie seine Gerda Buddenbrook sein oder eine Jackie Kennedy mit Nerdbrille. Quasi die Fußballerfrau für den gebildeten Mann. Von wegen handelndes Subjekt!

– Hehe

Ich höre Mayas hämisches Lachen förmlich in meinen Ohren. Ich fühle mich angegriffen.

– Ich lese seine Mails schon gar nicht mehr. In regelmäßigen Abständen lallt er mich nachts an: *Hallo prettyface, ich bin betrunken!* Sorry, aber das ist respektlos, er zwingt mich, dass ich mich in irgendeiner Weise dazu verhalte. Und: Es geht nicht um mich, es ist nur eine Projektion, ich bin nur eine Projektion seiner Phantasien und Träume. Und das Schlimmste ist: Ich mag es, wenn er mich umgarnt. Wenn er einer anderen seine Aufmerksamkeit schenkt, bin ich beleidigt. Wirklich wahr. Eine von sich selbst absorbierte Kuh halt!

– Ich fand dich auch recht inkonsequent, ehrlich gesagt. Spätestens, als er dir den Link zu dem Liebesstuhl schickte, hättest du …

– DER STUHL! Jaha! Es macht dann doch unerhört viel Spaß, begehrt zu werden. Aber der Link zu dem Stuhl … ich habe so gelacht.

– Und trotzdem mitgemacht! Viel zu lange. Das ist jetzt die Rache. Chapeau, Weltgeist!

– Ich weiß es doch.

(Ich schließe die Lider leicht, hebe die Augenbrauen und schlage Tasten an, die dies widerspiegeln.)

– -.-

Maya macht eine kurze Pause, ich deliriere weiter.

– Sehnsucht ist Mittelhochdeutsch für *Krankheit des schmerzlichen Verlangens,* sagt Wikipedia, und entsteht genau dann, wenn ein Bild auf einen Menschen projiziert wird, der diesem Bild nicht entsprechen kann oder will. Der Blick richtet sich nicht auf den Menschen selbst, sondern auf das, was man sich wünscht, was dieser Mensch sein soll, sein Disney-Potenzial. Sehnsucht wird zur Tragik. Mit Liebe hat das nichts zu tun. Es ist krank, nur so fühlt man sich in dieser saturierten Welt lebendig…

– Du hast recht, aber ich muss jetzt arbeiten. Bis dahin! :-*

Ich schicke Maya einen virtuellen Kuss zurück und schließe das Chatprogramm. Doch die Gedanken lassen mich nicht los. Liebe in der Metamoderne ist gefangen in der Ironisierung der Lebenswirklichkeit, denke ich. Jede romantische Geste wurde unendlich oft medial ausgedrückt, in Filmen, Musik, in der Werbung. Romantik ist nur noch ein Wiederholungsprogramm. Wir werden zugeschüttet mit den Gesten und Symbolen einer großen Liebe oder wahlweise einer dramatischen Trennung. Welche romantische Geste ist denn nicht schon zigfach verarbeitet? Welche Geste wirkt, wenn ich sie gebrauche, nicht absolut lächerlich? Ich ertrage ja nicht mal einen tiefen Blick in die Augen von Mr Big, ohne daran zu denken, wer alles in solchen Momenten schon den Bezug zur Realität verloren hat. Um dann wie die eigenen Eltern zu werden. Oder zu schweigen. Und plötzlich ist man eine alleinerziehende Mutter mit hinterlassenen Spielschulden. Nein danke. Romantik hört beim Gang zum Amt auf.

Projektion ist der Kern metamoderner Liebe. Wir

denken Liebe immer tragisch. Erst die Tragik macht die Liebe echt, so ist es schließlich kulturell überbracht: Entweder sind die Familien verfeindet (»Romeo und Julia«), ist das Subjekt der Begierde vergeben (»Othello«), uninteressiert (»Vom Winde verweht«) oder gehört einer anderen Spezies an (»Twilight«). Dabei bedeutet die Tragik letztlich nur Reibung an den Umständen. Das Überwinden dieser tragischen Hindernisse schweißt zusammen, gibt der Liebe Bedeutung, denn sie kämpft für etwas Ehrenwertes und gegen ein System, das dem Paar die Liebe verweigert (»Sturmhöhe«).

Heute können wir frei wählen, das macht die Liebe beliebig. Schwärmereien verkommen zu Futter für die eigene Eitelkeit: Je mehr ich begehrt werde, desto wertvoller bin ich. Das sind radikal individualistische Motive, die mit meinem Gegenüber nichts zu tun haben. Geschweige denn mit Liebe. Liebe heißt, sich binden zu wollen, Autonomie durch Abhängigkeit zu erreichen, durch Vertrauen und Ehrlichkeit. Liebe ist meine freiwillige Bindung an Menschen und deren Großartigkeit, Bindung an diejenigen, die in der Gesamtheit ihrer guten und schlechten Eigenschaften begeistern. Nicht ein Bild, das niemals erreicht wird. Liebe ist ein Prozess, eine Entwicklung, kein statischer Moment, den es zu konservieren gilt. Liebe ist Arbeit, Kampf, Dialektik, und nur eine lebendige Liebe ist aufregend. Die Tragik ist unser Ersatz für den Versuch, romantische Momente einzufangen, statt jeden Tag neue zu schaffen. Und nichts friert die mit Liebe assoziierte Romantik besser ein als Bilder, Texte und der Beziehungsstatus auf Facebook.

Wer seine Liebe auf Facebook dokumentiert, meint vielleicht, nicht mehr bei Kerzenlicht darüber reden zu müssen. Dabei ist jede AGB für einen Online-Lieferservice detaillierter als die Vereinbarungen über unsere Beziehungen. Welche Grenzen und Regeln, welche Wünsche hat unsere Liebe? Nur im Unausgesprochenen schaffen wir es, die Tragik zu erzeugen, die wir dann für wahre Liebe halten. Auf eine hormonelle Reaktion folgt der fatale Glaube an eine Liebe, die es nur in Kinofilmen geben kann, die in den Wirren der Unsicherheit und Selbstbeobachtung im Kopf entsteht und dort auch stirbt. Auch wenn wir das nicht merken. Wir verstecken uns, Projektion ist Selbstschutz, und ich für meinen Teil bin des Projizierens überdrüssig. Ab jetzt geht es um den Menschen, den ich vor mir habe, um echtes Interesse und wahrhafte Gefühle. Sowohl freundschaftlich als auch romantisch. Lassen wir die Welt der Fiktion hinter uns. Wir können das.

Mädchen sind auch im Internet doof

tl;dr.: Lange glaubte ich, dass wir in einer gleichberechtigten Welt leben und auch das Internet ein Ort der Geschlechtergerechtigkeit ist. Bis ich erkannte: Macker sind auch im Internet Macker.

»Eine Frau muss man vorzeigen können. Du wärst gerade noch im Rahmen meiner Vorstellung. Aber dicker dürftest du auf keinen Fall sein ...«

Mein Gesicht verzieht sich zu einer Grimasse. Hat er das gerade wirklich gesagt? Wir haben uns alle auf dieser Lan-Party verabredet, und dass ich jetzt hier mit Kurt an der Bar stehe, habe ich Mortensen zu verdanken, der sich mal wieder verspätet. Genauso wie Maya.

Kurt sieht aus und riecht, als wäre er gerade einem bulgarischen Provinzbordell entstiegen. Ungepflegt und mit fettigen Haaren doziert er weiter, dass er für sich die perfekte Balance im Umgang mit den Frauen gefunden habe.

»Frauen an sich sind einfach weniger visuell veranlagt als wir Männer. Eine Frau will nicht das, was sie sieht, sondern das, was sie glaubt zu kriegen. Frauen verlieben sich nicht einfach in einen Mann, sondern in das, was er darstellt. Und nichts lässt sie so sehr an die

Zukunft glauben wie Geld und Macht. Eigentlich ist der Kapitalismus ja ein weibliches Projekt.«

»Wie bitte?« Mehr fällt mir gerade nicht ein.

»Und am besten gefällt mir dieser Selbstekel, der euch befällt, wenn sich euer aufgeklärtes und emanzipiertes Bewusstsein der Natur beugt. Da kann ich stinken, beleidigen, demütigen, wie es mir passt, es lässt euch nur noch mehr an den Prinzen glauben, der ganz bestimmt mal aus diesem Frosch wird.«

Wieso stehe ich hier mit diesem ... und wo bleiben die anderen? Ich fürchte, dass dieser fettige Kerl schon viele intime Begegnungen hatte. Mit seiner verwegenen Dreistigkeit schafft er es offenbar tatsächlich, sich auf dem angeschlagenen Selbstwertgefühl wunderschöner Frauen festzusetzen. Sie abhängig von sich und seinem Lob zu machen. Er wird wohl die Sehnsucht nach der väterlichen Anerkennung nutzen und diesen Dreck im Internet gelesen haben. Auch wenn jeder Mensch Gründe hat, warum er so wurde, wie er ist, vergesse ich bei ihm diesen Grundsatz. Ich halte die Luft an, um seinen nächsten selbsternannt intellektuellen Erguss ohne Gehirnschlag zu überstehen.

»Du wirst es nicht glauben, aber ich war mal ein richtig netter Kerl, ein Nice Guy, wie man so sagt, oder Fußabtreter für die Frauen. Die haben sich mit den Arschlöchern vergnügt und ich durfte ihre Tasche tragen. So einen netten Typen wie mich wussten die Weiber nie zu schätzen. Es sei denn, ich sollte bezahlen und sie rumfahren. Oder ihren Computer reparieren. Da kamen sie dann an, wackelten mit dem Arsch, und als ich dann auch mal ranwollte, hieß es plötzlich, aber wir sind doch so gute Freunde.«

Wenn ich die Luft nur noch ein kleines bisschen länger anhalte, schaffe ich es vielleicht, ohnmächtig zu werden ...

»Du wolltest Sex als Gegenleistung?!«

»Natürlich. Warum sollte ich das denn sonst machen?«

Der meint tatsächlich, was er sagt.

»Frauen brauchen doch keinen Sex. Die haben das ja im Griff. Wir Männer dagegen sind halt triebgesteuert und machen Dinge, damit Frauen mit uns ins Bett gehen.«

»Klingt nach einem Pavian. Wobei, der ist wohl auch schon weiter ...«

»Wir sind ja auch nichts als Tiere, liebe laprintemps. Deswegen gehen mir diese Feministinnen auch dermaßen auf den Senkel. Die wollen doch die Natur zerstören und die Menschen verändern. Wie die Nazis.«

Ich stoße einen lauten Seufzer aus. Was kann ich ihm bloß antun?

»Wir Männer schuften, und die Weiber leben auf unsere Kosten. Und wenn wir dann mal eine Gegenleistung wollen, dann ist das Geschrei groß.«

»Aber Sex ist doch keine Gegenleistung oder Ware. Sex ist doch auch nichts, ohne Einverständnis. Bei dir hört sich das so an: Ist egal, welches Loch, Hauptsache ich kann meinen kleinen Schniedel reinstecken. Wieso dann eine Frau mit Puls? Gummi tut es nach deiner Vorstellung von Sex doch auch. Oder ein Klumpen Mett. Der ist auch für Geld zu haben. Viel Spaß noch in deinem Neandertal.«

Mir reicht es. Ich stehe mit einem Ruck auf, mustere Kurt wie etwas, das man aufschneidet, bevor man es unter ein Mikroskop legt, und versuche so etwas wie einen wütenden Abgang hinzulegen. Der gelingt mir so gut, dass ich erst mal stolpere. Ich hole mir noch ein Getränk und setze mich so weit weg von Kurt wie möglich. Während ich meinen Wodka schnorchle, blicke ich auf mein Leben als Frau oder Mädchen zurück. Hatten wir Typen wie Kurt nicht überwunden? Oder glaubten wir das nur?

Ich produziere keine Spermien, also bin ich weiblich. So sieht das auch die Mehrheit meiner Umgebung. Ich bin aufgewachsen mit Wahlrecht und rechtlicher Gleichstellung. Und kam erst mal überhaupt nicht auf die Idee, dass ich es als Frau schwerer haben könnte. Meine Mutter predigte mir finanzielle Unabhängigkeit. Sie selbst war Hausfrau und vermittelte mir, dass sie zwar glücklich mit der finanziellen Abhängigkeit von meinem Vater sei, dass ich es aber trotzdem anders halten sollte.

Die Rolemodels meiner Kindheit waren Pippi Langstrumpf und Bibi Blocksberg, die von chloe.f.f.w Clarissa Darling und Sarah Connor. Starke Frauen, die alles tun und lassen konnten, was sie wollten. In der Grundschule waren zwar noch Jungs in der Konkurrenz als Klassenbeste, aber schon im Gymnasium lichtete sich das Feld und ausschließlich Mädchen hatten die Nase vorn. Die fand chloe.f.f.w jedoch überwiegend nervig, zimperlich und hysterisch, sie sympathisierte eher mit netten Kumpels, die von den herzlosen Zicken ausgenutzt und hintergangen wurden.

Ihre erste *Emma* las chloe.f.f.w mit 15 und dachte: Alice Schwarzer, oje… Wozu Feminismus? Ist doch alles erreicht! Der Zeitgeist der 1990er Jahre hatte ihr komplett den Kopf vernebelt mit seinen Imperativen: Sei schön, sonst bist du nichts wert. Sei dünn, sonst bist du disziplinlos. Sei devot, sonst will dich kein Mann. Sei sexuell offen, sonst bist du uncool. Sei eine starke Frau, sehe dabei aber bitte aus wie ein Pornostar. Oder ein beliebiger weiblicher Charakter eines Actionfilms, Computerspiels oder Hentai Movies. Sexismus und Frauenfeindlichkeit erkannte sie gar nicht als solche.

chloe.f.f.w war Anti-Feministin, ohne sich wirklich dessen bewusst zu sein, erst laprintemps gingen die Augen auf, als das, was sie im Internet schrieb, kaum je ohne Kommentar zu ihrem Geschlecht oder Dasein als Frau™ thematisiert wurde. Wenn sie ungemütlich wurde, hieß es, sie hätte ihre Tage. Zorn wurde mit der Aussage, sie solle mal wieder Sex haben, quittiert. Prangerte sie an, dass sie nicht ernst genommen wurde, war sie hysterisch. Sobald sie männliche Pseudonyme benutzte, klappte es plötzlich mit Diskussionen. Klar, man wurde trotzdem beschimpft, aber in der Sache, nicht mehr als Frau. Generation Pimmelfechten.

Obwohl das Internet an sich egalitärer nicht sein könnte, ist es von Alphamännchendenken geprägt. Männer haben die Strukturen des Netzes aufgebaut und ihm ihren Stempel aufgedrückt. Frauen sind auch im Netz wieder das andere Geschlecht. Sie werden bewundert, wenn sie sich für Computer interessieren. Und ungläubig beäugt, wenn sie programmieren können. Wir hatten mal den Traum, dass im Netz alles anders ist. Doch aus dieser Generation im Netz, dem egalitärsten aller Medien, ist eine weitere Generation Sexisten geworden. Fast bin ich selbst in die Rollenfalle getappt, hätte mir den Status einer digitalen Muse zulegen wollen. Ein bisschen verrückt, ein bisschen eigen, aber immer im Dienste des Hackers, der mir zuliebe die Homepage erlegt. Haben unsere Mütter umsonst gekämpft? Und wenn alles anders im Netz ist, wieso hat Lara Croft so wenig an und surreal große Brüste? Wieso sind so wenige Frauen in der IT-Branche? Wieso nutzen so viele Frauen die Computer nicht, wie man sie nutzen könnte?

Das Internet reproduziert Sexismus, den es aus der

Gesellschaft kennt. Da wird aus »weiblich« in Internetsprache schnell »5andw1chm43r«, also Sandwichmaker, Mütter, Schwestern, Omas werden als »DAUs« (also Dümmst Anzunehmende User) umschrieben und schlecht funktionierende Programme bekommen Mädchennamen. Die Welt der Hacker ist nicht weiblich, sie ist männlich und sie merkt es nicht mal. Verharmlosende Aussagen über Vergewaltigungen finden im Netz ihren Platz, Feminismus wird aggressiv niedergeschrien. Der Kampf ist noch lange nicht beendet.

Auch frage ich mich ja, wann die Männer sich endlich mal gegen dieses widerliche Männerbild wehren. Als ob sie nur triebgesteuerte Hündchen wären. Wirkliche Gleichheit ist erst erreicht, wenn Frauen und Männer in beiden Sphären, der öffentlichen wie der privaten, auf Augenhöhe unterwegs sind. In den letzten Jahrzehnten versuchte man, die Frauen in die öffentliche Sphäre zu bringen, also in Unternehmen, Parlamente und so weiter. Hat ja auch recht gut geklappt. Wir haben aber versäumt, gleichzeitig die Männer in der privaten Sphäre zu etablieren. Hausmänner und Väter sind immer noch nicht anerkannt in unserer Gesellschaft. Das müssen wir ändern. Nur dann kann das Projekt Geschlechtergerechtigkeit funktionieren.

Und wie geht es mit dem Netz weiter? Wie können wir es nutzen für Geschlechtergerechtigkeit beziehungsweise beeinflussen, welche Vorbilder für Männer und Frauen entstehen? Digitale Netzwerke ermöglichen eigentlich per se eine Gleichberechtigung aller Lebensentwürfe. Denn rein technisch begegnen sich erst mal alle Menschen auf Augenhöhe. Eine Ministerpräsidentin streitet mit der dritten Rechnungsprüferin der Partei bibeltreuer Christen im Kreisverband Sächsische Schweiz/Osterzgebirge. Ich glaube, dass gerade die Idee des Netzwerks eine sinnvolle Ergänzung zur Quote darstellt. Was nicht heißt, dass wir die Quote nicht noch brauchen.

Der Wodka ist alle, ich seufze laut und suche mit den Augen nach den anderen. Ah, Maya kommt auf mich zu.

»Was hast du dir wieder in deinem hübschen Kopf zurechtgedacht?«, sagt sie, und im gleichen Augenblick entdeckt sie Kurt, der nun ebenfalls auf uns zukommt.

Maya bekommt einen leicht debilen Blick und säuselt ein furchtbar devot klingendes »Hallo« in sein ungewaschenes Gesicht. Er lächelt zurück.

»Äh, was passiert hier gerade, Maya?« Ich blicke sie fassungslos an.

Sag Hallo zum Nichts

tl;dr: Jeder von uns versucht, sich die Welt zu erklären. Das Internet bietet alle Deutungen und Betrachtungen der Welt an, die wir haben können und wollen, und jeder entscheidet selbst, was seine Wahrheit ist. Ist das Internet schon allein deshalb eine Verschwörungs- und Verdummungsmaschine? Natürlich nicht.

Guckt mal, die Frau kostet nur 4,95 €. Haha, wie witzig. Nicht.

Ich rege mich via Twitter über sexistische Werbung auf. Meine Kurznachricht ist auch an Sesemi gerichtet. Eigentlich ist sie bei identi.ca, der nicht-kommerziellen Alternative zu Twitter, aber weil quasi alle auf Twitter sind, hat sie auch einen Account bei Twitter, den sie mit einer Brücke bespielt.

@laprintemps *Sei nicht so verbittert. Du könntest so was auch mal mit Humor nehmen,* antwortet sie mir prompt.

@justica1984 *Es sind genau diese Witze, die uns das absolut tolle Frauenbild bescheren, das wir haben. Ich sage nur: Mario Barth!!*

@laprintemps *Ich finde, dass man über alles Witze machen darf. Gleichberechtigung ist, wenn jeder Opfer von Witzen wird*

Wir diskutieren auf Twitter in 140 Zeichen. Das kann nicht funktionieren, das wissen wir. Trotzdem tun wir es. Immer und immer wieder. Sesemi nervt mich, ich tippe:

@justica1984 *Es ist ein Unterschied, ob ich Menschen herabwürdige, indem ich mich über ihre Situation lustig mache oder* Die 140 Zeichen der Kurznachrichtenplattform sind erreicht, also schicke ich die Nachricht ab und tippe die nächste: *von ihnen verlange, ihre Situation lustig zu finden. Die Betroffenen entscheiden, ob sie darüber lachen können, nicht wir*

@laprintemps *Ich bin betroffen, ich bin Frau und ich sage, dass das lustig ist. Satire darf das*

Jetzt schaltet sich obendrein noch Leonard ein, der unter @hofst4dt3r twittert:

@laprintemps @justica1984 *Humor darf keine Rücksicht nehmen auf Gefühle, er muss die Absurdität menschlichen Daseins darstellen*

Immer dieses Wikipedia-Wissen, denke ich und tippe:

@justica1984 @hofst4dt3r *Humor darf vielleicht alles, aber SOLLTE nicht alles. Bezweifle, dass die Macker, die bei Barth* ich drücke die Enter-Taste und setze erneut an: *im Publikum hocken, eine grobe Ahnung von der gesellschaftlichen Funktion von Humor haben und nach der Vorstellung* und noch eine Nachricht hinterher: *twittern sie ihren Frauenhass dann fröhlich in die Welt hinaus. Ekelhaft*

@laprintemps @justica1984 @hofst4dt3r *Und wie dramatisch ist das alles auf einer Skala von 0 bis Hitler?*

Jetzt auch noch anx und »Godwins Law« (es besagt, dass sich in jeder Online-Diskussion die Wahrscheinlichkeit für einen Vergleich mit Hitler oder den Nazis dem Wert Eins annähert.)

@christanx @justica1984 @hofst4dt3r *noch mal, ihr Ignoranten: viel zu oft wird das Abwerten von Menschen hinter Humor oder einem Augenzwinkern versteckt*

@laprintemps @justica1984 @hofst4dt3r *willst du uns jetzt sagen, dass man auch über Hitler keine Witze mehr machen darf?*

@laprintemps @christanx @hofst4dt3r *mal ehrlich, das Internet besteht aus Pornographie, Katzenbabys und Adolf Hitler*

@laprintemps @justica1984 @christanx *ich sag nur »cats that look like hitler« :3*

@laprintemps @justica1984 @hofst4dt3r *hehe*

Ach, sollen sie diese alberne Diskussion doch ohne mich weiterführen. Ich logge mich aus, in meinem Kopf entspinnt sich ein Blogpost über den Nihilismus 2.0.

Alles wird im Internet lächerlich gemacht. Sucht man beispielsweise auf YouTube nach Hitler, kommt alles, nur keine Dokumentation. Stattdessen tauchen Nazis in allen Genres auf: Nazis und Zombies, Nazis und Sex, Nazis und Roboter, Nazis und Raumschiffe, Nazis und Action. Filmparodien wie die, in der Hitler gegen Darth Vader kämpft, und Remixe von Parodien. Hitler ist Synonym für das reine Böse und zugleich ein garantierter Lacher für jeden, der ihn heute noch über die Bühne zerrt. Es gibt keinen Diktator, der sich solch einer Beliebtheit erfreut. Es gibt sogar »Black Hitler« – eine stämmige, schwarze Frau, die voller Inbrunst eine Nebenrolle in einem Sketch spielt. Bei *Spiegel Online* springt einem auch mal ein T-Shirt entgegen: Ronald McDonald mit Hitlerbärtchen. Es ist überall. Wir haben das selbst ernannte Dritte Reich in ein Museum gesteckt, erschaudern wohlig angesichts seiner Bosheit und machen es zu einem Witz. Wir haben vergessen, dass die relativ freie Gesellschaft, in der wir heute leben, diese Insel der Glückseligkeit in einer Welt, die reich an veritablen Höllen ist, ihren Anfang im Unaussprechlichen nahm. Wahrscheinlich wäre es niemals so vermeintlich witzig, wenn dahinter nicht eben dieser unaussprechliche, kaum ertragbare Horror stünde. Und diese Fixierung auf den Horror verbietet Visionen einer besseren Welt? Ist Humor das Placebo, mit dem wir unsere Utopien ersetzen?

Ich glaube, dass sogenannte Herrenwitze Menschheitsbremsen sind. Wie sie in ihrer kleinen, beschränkten Kneipenwelt über alles Witze machen, was sie nicht verstehen, Frauen und Schwarze diskriminieren. Sie wollen sich nicht mit derlei auseinandersetzen, also lachen sie es weg. Drei Stunden lang heiter KZ-Witze erzählen, obwohl die eigene Familie ein Haufen von Blockwarten war. Und selbst das wird zum Witz: »Wie könnt ihr nur über so was lachen? Mein Opa ist im KZ ums Leben gekommen…« Alle schweigen betroffen. »… ist besoffen vom Wachturm gekippt.«

Natürlich darf es diese Witze geben, auch sie gehören zur Meinungsfreiheit. Doch Humor wird schon seit der frühen Neuzeit dazu genutzt, den Gegner lächerlich zu machen. Vor allem die Kirche versuchte deswegen Kontrolle darüber zu erlangen, was Humor ist und was nicht. Aber auch in der französischen Nationalversammlung war Humor anfangs verboten. Mit der Demokratisierung von Kunst und Schrift explodierten dann die Karikaturen und die Satire. Humor ist somit auch ein Mittel des Aufstands gegen die Herrschenden. Und dennoch: Das Netz ist eine wahre Herrenwitzsammelmaschine und an manchen Tagen fragt man sich, ob man noch irgendetwas ernst nehmen kann oder ob alles ein Witz ist. Schließlich hat der Mensch so etwas wie einen angeborenen Wunsch nach Sinnstiftung. Wir suchen nach einem Sinn, dem Zweck unseres Daseins. Und das Internet ist da wenig hilfreich: Für jede Position findest du im Netz sowohl Bestätigung als auch Widerlegung, vieles ist gefälscht oder falsch oder verzerrt. Die Moderne hat den Sinn zerstört, die Postmoderne hat die Zerstörung betrachtet und in der Post-Postmoderne betrachten wir nun die Betrachtung der Zerstörung. Das Netz als ewiger Regress …

Doch warum klammern wir uns dermaßen an die Vorstellung, dass es eine Wahrheit geben muss? Ist das nicht wie Gott, der Allwissende, den wir längst für tot erklärt haben?

Wir glauben, dass wir alles wissen können, alles systematisieren können. Wieso ist es so schwer zu akzeptieren, dass es nichts gibt? Also alles und nichts. Unsere Wissenschaften haben sich der Wahrheitssuche verpflichtet, aber sind sie nicht genauso trivial wie die Priester und Scharlatane der Vergangenheit, wenn sie so tun, als würden sie die Wahrheit kennen? Den Wunsch nach Wahrheit, nach Klarheit und Orientierung, tragen wir alle in uns. Deshalb erklären wir die einen zu Tätern und die anderen zu Opfern, schreiben Geschichte, ohne die Wahrheit zu kennen. Deshalb glauben wir an Schuld. Deshalb meinen wir zu wissen, wie andere Menschen sind oder denken.

Wieso müssen wir uns alles erklären, wieso brauchen wir Sinn? Genügt es nicht, wenn wir uns lustig nihilistisch im Kreis drehen? Das Internet ist Abstraktion. Und wie ein riesiger Vorschlaghammer glätten seine Abstraktionen hypermodern die Unebenheiten der Realität. Übrig bleibt nichts. Außer der Angst vor dem Nichts und vor der Bedeutungslosigkeit.

Aufklärung 2.0

tl;dr: Das Internet ist keine Verdummungsmaschine, im Gegenteil. Es ermöglicht, das Projekt Aufklärung weiter voranzubringen. Dazu braucht man die Freiheit des Wortes, die derzeit aber eher im Ermessen privatwirtschaftlicher Konzerne liegt denn in öffentlicher Hand.

Ich sitze im Café einer amerikanischen Kette, die am Tresen fair gehandelten Kaffee verkauft und das Gefühl, die Welt ein bisschen besser zu machen. Das WLAN ist kostenlos und im Hintergrund läuft eingängiger Jazz. Retro und hip soll es sein. Ein paar Palmen stehen in Bastkörben auf dem Zebrateppich. Es riecht nach frisch gemahlenem Kaffee, wobei vermutlich mit künstlicher Beduftung nachgeholfen wird. Auf den Tischen stehen Plastikbecher, die man kaum halten kann, die aber auf dem metamodernen Boulevard unglaublich kleidsam sind. Ich mag diese Atmosphäre, sie befriedigt meine Grundbedürfnisse. Ganz so, wie es in der Marketingabteilung konzipiert worden ist. Übermüdet tippe ich zum wiederholten Mal die Nummer in das Tastaturfeld meines mobilen Endgeräts: 23542.

Keine Reaktion.

Meine Augen beginnen zu tränen, ich starre weiter auf den flackernden Bildschirm. Was tue ich hier eigentlich? Von oben betrachtet bin ich lediglich eine Amöbe, die sich der Illusion hingibt, die Welt in ihrem Nihilismus brauche sie. Eine Figur bin ich, die sich ihrer Rolle nicht bewusst wird oder werden kann, die ihre gesellschaftliche Funktion sucht. Ich denke an die Zeit, in der die Rolle in der Welt klar und vererbbar war, in der es gar keine Wahlmöglichkeiten gab, nur Pflichten. Selbst ernannte Konservative und Nippesverkäufer verklären das gerne. Ich seufze so laut, dass mein Tischnachbar mich irritiert beäugt. Schau weg!

Mit der Renaissance hat es begonnen. Der Aufstieg des Menschen. Des Mannes. Der sukzessive Bedeutungsverlust Gottes hat die alte Ordnung zerstört. Plötzlich schien alles möglich, und die Menschen entwickelten die verschiedensten Alternativen und Utopien, um das gute Leben zu erlangen. Hier, jetzt, sofort. Das metaphysische Vakuum musste gefüllt, die Schmerzen der transzendentalen Obdachlosigkeit verdrängt werden. Denn Nihilismus tut weh.

Das 19. Jahrhundert! Ich schwelge in Nostalgie und in Abscheu. Ich denke an Jugendstil, an Hegel und Tolstoi. An russische Zigaretten. Die Moderne, dieses Monster, das dazu gedacht war, die Welt zu retten. So wie das Internet! Das Internet? Stehen wir an der Schwelle zu einer neuen totalen Diktatur? Skynet? Ich muss lachen. Wird aus der Idee, die Digitalität in den Mittelpunkt des Daseins und Denkens zu stellen, die furchtbare Inkarnation eines Gottes ohne Gnade, ohne Barmherzigkeit und ohne Wahrhaftigkeit? Ach, es ist so viel einfacher, sich einer Sache zu unterwerfen, als sich einem differenzierten Weltbild voller Widersprüche zu verpflichten.

Worum ging es gleich noch mal in der Aufklärung? Aufklärung steht für einen Emanzipationsprozess, der den Menschen aus seiner selbst verschuldeten Unmündigkeit befreien kann, rezitiere ich Kant in meinem angestrengten Kopf. Einerseits betrifft die Aufklärung ganze Gesellschaften, die Steine der Bastille brachten auf den Pariser Märkten einen phantastischen Umsatz. Andererseits richtet sie sich an jeden Einzelnen mit der Forderung, sich von biologischen und sozialen Bürden zu emanzipieren. *Erst wenn ich frei von dem bin, was mich zu dem gemacht hat, was ich bin, bin ich frei!*

Da kommt Sesemi zur Tür herein. Sie hat mir gerade noch gefehlt. Ihre Augen funkeln.

»Na?!«, begrüßt sie mich neckisch. Ihr Blick wandert auf meinen Laptop. »Solange du diesen proprietären Apfelscheiß benutzt, bist du unfrei, das weißt du, oder?«

Was soll man dazu sagen? Ja, aber es ist so unfassbar einfach zu bedienen? Ja, aber ich bin zu ungeschickt für das Konfigurieren freier Betriebssysteme?

»Dass du dich hier mit diesem Gerät zeigst, ist total daneben! Du machst dich zum Sklaven dieser Firma, die mehr Religion ist als Konzern. Verdammt noch mal!«

Sesemi wirft sich mit Verve in die Tiefe des würfelförmigen Sessels. Ich bemühe mich, das Gespräch auf etwas Unverfängliches zu lenken.

»Wo kommst du denn her?«

»Aus Brüssel. Die haben sie nicht mehr alle. Musste mich sogar in ein Kostüm werfen, für meinen Auftritt. Die Contentmafia kriegt sich nicht mehr ein und versucht jetzt alles, um den Zugang zum Internet zu beschränken. Und sie hat brave Verbündete in den Reihen der Politiker. Als ich gesehen habe, dass du hier bist, dachte ich mir am Flughafen, ich komme vorbei.«

Ich frage mich, ob ich bereuen soll, getwittert zu haben, wo ich bin. Meine Gedanken sind bei der Telefonverbindung, die einfach nicht zustande kommt, während Sesemi mich weiter ihrer politischen Mission aussetzt:

»Bitte, steig endlich auf Linux um, es ist ein Verbrechen, wenn du so weitermachst und dich freiwillig diesen Monsterkonzernen unterwirfst! Du kannst die moralische Frage dabei doch nicht einfach ausblenden, oder? Es geht hier um die Selbstbestimmung der Menschen. Du trägst zur freiwilligen Versklavung bei!«

Sie guckt mich fordernd an, und ich bin einen Moment gewillt, meinen Laptop in den Müll zu werfen und mein Leben dem Erlernen von Linux zu widmen.

»Aber du kannst doch nicht von jedem verlangen,

dass er Informatik studiert. Ich meine, es gibt Menschen, die können nicht mal lesen oder schreiben …«

Die moralische Aufladung von Themen macht mich nervös, es fühlt sich an, als würde man durch seine bloße Existenz die Welt zugrunde richten.

»Tja, Programmieren ist halt das neue Latein.«

»Ist das nicht elitär und etwas abgehoben? Das geht doch an der Lebenswirklichkeit der Leute vollkommen vorbei, wenn sie an Kabeln schnüffeln müssen, um soziale Netzwerke benutzen zu können. Sie mögen diese Form der Kommunikation, sie wollen sich da aufhalten. Die Maßstäbe, die du anlegst, das ist doch grotesk! Am besten koppeln wir das Wahlrecht an das Wissen über Algorithmen!«

Sesemi ist nun in ihrem Element.

»Oh, das fände ich gar nicht schlecht. Dann würden weniger dumme Entscheidungen getroffen! Und: Von mir findest du nichts im Netz. Nichts, was ich nicht will. Und ja, es ist ein Problem, dass keiner von euch Web-2.0-Opfern weiß, wie das Netz eigentlich aufgebaut ist. Wir haben jetzt eine ganze Menge Leute, die das Netz nur noch benutzen, ohne zu verstehen, was das Netz überhaupt ist! Was weißt du denn über die technische Infrastruktur?«

Ich reagiere nicht.

»Nichts, genau. Und das ist fatal. Wir liefern uns aus! Ein Klick entfernt von der Selbstbestimmung, glaubt man. Und dann ist man Knecht eines Konzerns, der die eigenen Daten verkauft. Und alles nur, weil man sich einer Illusion hingeben wollte.«

Die rechte Hand, mit deren Zeigefinger sie wild gestikulierte, sinkt langsam ab.

»Die Maschinen beherrschen dich«, ihr Ton spiegelt ihre Verzweiflung, »du beherrschst die Maschinen nicht. Hast du noch nie. Und deswegen müssen wir uns die Macht über die Maschinen zurückholen. Aber das geht nicht auf diesen Kisten, die dich der Kreativität berauben. Irgendwann wird es nur noch Kaufprogramme geben. Selbst wird es keiner mehr machen, außer ein paar Codemonkeys im Keller der großen Konzerne, stattdessen werden sie sich alle dem Konsum von Applikationen hingeben. Es widert mich an. Und warum? Wegen Faulheit, wegen Dummheit, wegen Komfort!«

Ich nicke, wobei ich nicht weiß, ob aus reiner Erschöpfung oder aus Angst, ihre Gunst zu verlieren. Ich bewundere sie und ihre politische Arbeit. Auch wenn mich ihre Panik manchmal daran zweifeln lässt, ob die Unmengen Science-Fiction-Filme der 80er Jahre ihr gutgetan haben. Sie kann jetzt nicht mehr aufhören zu reden:

»Es tut doch sonst niemand was! Die Konzerne bauen das Netz in eine Mall um und dealen mit den Daten. Die Staaten wollen entweder den Zugang sperren oder handeln im Sinne der Konzerne. Wir sind verdammt noch mal ausgeliefert, Scheiße. Und keiner tut was! Wo sind denn all die Klickdemonstranten in Brüssel? Hundert Hansel stehen da rum und halten Plakate hoch, die sie mit Edding bemalt haben. Aber das nutzt nichts, wenn Hunderte von Millionen ihre Fratze mit der Fratze anderer verbinden und zusehen, wie ihre Daten zur digitalen Währung werden. Und dann kaufen sie Bubble Tea, weil es ihnen die Werbung sagt.«

Sie schlägt sich mit der flachen Hand gegen die Stirn, dass es klatscht.

»Gleichzeitig teilen die großen Player die Infrastruktur unter sich auf, sie führen einen Informationskrieg hinter unserem Rücken. Und wir tippen fröhlich Smileys in die Tastatur und drücken hässliche blaue Daumen, wenn jemand schreibt, dass die Revolution in den sozialen Netzwerken verkündet wird. Ich sage dir eins: Das Internet entpolitisiert die Gesellschaft!«

»Ich denke, wir brauchen eine Art digitalen Imperativ: Handle im Internet stets nach dem Bewusstsein, dass deine Daten dir und deinem Selbstbild zugerechnet werden können. Und ist es nicht erstrebenswert, dass Menschen sich in 140 Zeichen äußern, sei es noch so trivial, statt ihre Zeit vor dem Fernseher zu verbringen mit inszenierten Realitätsemulatoren?«

»Du glaubst doch wohl nicht, dass dieser Wohlfühl-Aktivismus irgendwas bringt? Wir können nicht mit ein paar Klicks auf unnütze Petitionen die Welt retten! Und Überraschung: Mit einem like-Klick unter Rettetden-Regenwald wird dieser auch nicht gerettet! Aber bitte, verrate es keinem.«

Ihre süffisante Art macht mich wild. Ich möchte ihr für ihre selbstgerechte Art Schmerzen zufügen.

»Wir brauchen einen Systemwandel, einen grundlegenden und nicht so ein bisschen in Klicki-Bunti schreiben, dass der Bundespräsident doof ist! Und wenn es denn dabei bliebe, dass sich 2.0-Prolls über irrelevante Dorfpolitiker ärgern. Aber nein, das ufert ganz schnell aus. Und dieser ganze Datenexhibitionismus. Das grenzt an Umweltverschmutzung. Menschen, die ihr komplettes Leben freiwillig auf Plattformen auspacken, auf denen sie mit ihren Daten bezahlen, sind einfach nur verwöhnte Blagen, die noch nie in einer prekären Situation waren. Meine Erfahrung. Sie treten ihre Privatsphäre mit Füßen. Und warum? Weil sie es können! Und meist ist es doch furchtbar langweilig, was sie zu sagen haben. Weder interessiert mich ihr Frühstück noch die sonstigen Tagesaktivitäten. Wieso posten sie das? Wieso postest du das? Ich meine, du gibst doch auch jeden uninteressanten Kram von dir preis und machst dich zum Objekt der Marketingindustrie!«

Recht hat sie. Das sage ich aber nicht:

»Ich sehe das anders. In deinem Profil, auf deinem Blog, wo auch immer, hast du die Macht, du entscheidest über dein Auftreten. Du hast ein Sprachrohr, eine Möglichkeit, die Welt zu beeinflussen, sozusagen. Wer weiß, vielleicht ist genau deine Nachricht oder dein Blogpost so treffend, so beliebt, dass deine Worte wirklich Einfluss ausüben. Außerdem verlangt die Ökonomisierung des Individuums von dir ein sauberes Identitätsmanagement, einen geraden Lebenslauf, rationale Karriereentscheidungen. In den sozialen Netzwerken kannst du das toll inszenieren, auch wenn dein echtes Leben das vielleicht gar nicht hergibt. Ist ja kein Wunder, dass bei Xing alle Rotwein trinken und Klassik hören. Klar würde ich mir wünschen, dass sich alle Menschen der Kapitalismuskritik hingeben, aber verlangen kann ich das nicht. Und will ich auch nicht. Selbstverständlich ist es paradox, dass viele sich trotz Kontrollverlust so fühlen, als hätten sie maximale Kontrolle. Eine Kontrolle, die sie sonst im Leben niemals erreichen können. Auch darfst du natürlich nicht vergessen, dass man in den sozialen Netzwerken sehr schnell viel Rückmeldung und Anerkennung kriegen kann. Anerkennung, die die meisten Menschen nicht bekommen in ihrem Leben. Das ist Fluch und Segen zugleich. Das sind aber Probleme des kapitalistischen Systems. Deswegen glaube ich, dass die ganze Debatte um Privatsphäre im Internet der Mühe nicht lohnt …«

»Das ist eine so unglaublich dämliche Provokation und ein Schlag ins Gesicht aller, die sich bisher den Zensoren dieser Welt in den Weg gestellt haben. Ich frage mich manchmal echt, welche Drogen du nimmst, um so was von dir geben zu können! Vielleicht ist es einfach eine zeitgemäße Form des Stockholm-Syndroms, die du da zeigst. Unbegreiflich. Was du über dich preisgibst, ist uninteressant! Wozu? Die Millionen User sind nichts als ein Haufen Sheeple, die sich selbst entblößen und den Konzernen zu Füßen werfen!«

»Internet ist öffentlich und global, man sollte dem keine unnötigen Ketten anlegen. Das Internet ist viel zu frei für die Idee privater Vorhänge. Wieso verschweigen wir so viel? Es ist doch bizarr, dass wir Menschen zwingen, ihr Innerstes zu verstecken, weil wir damit nicht umzugehen wissen! Jeder muss sich öffnen können, wenn er das möchte!«

»Sag das doch mal den chinesischen Dissidenten! Deine naive Geschichtsvergessenheit kotzt mich an. Außerdem wäre das der von Selbstentwürfen regulierte Mensch. Was du hier skizzierst, ist eine neue Form des Beichtens, nur ohne Gott, eine Schuld, die mit der Aufklärung abgelegt werden sollte. Das ist zutiefst revisionistisch! Und das werde ich nicht befürworten.«

»Es geht mir doch nicht um die sozialen Netzwerke als Beichtstühle. Dafür müsste ich eine gewisse Form von Moral vorsehen, eine Norm, von der abzuweichen deine Beichterei erfordern würde. Und du weißt, dass ich Moral für einen seltsamen Fetisch halte, den wir seit dem 19. Jahrhundert zu wenig aggressiv bekämpfen …«

»Jaja, ich weiß, selbst Nietzsche war nicht so konsequent wie du!«

Sesemi imitiert ein Gähnen.

»Anyway…«, setze ich wieder an.

»Himmel, und was ändert das daran, dass der KGB die Profile auf Facebook abgreift? Na?!«

»Manchmal klingst du, als gäbe es einen Weltbeherrschungsrat, der das alles plant und uns zu Marionetten macht. Du und deine Verschwörungsscheiße.«

»Was wir brauchen, ist einfach eine aufgeklärte Gesellschaft, in der jeder rational agiert. Punkt. Das kann doch nicht so schwer sein! Jeder, der einmal die Unmündigkeit abgeworfen hat, wird andere auch überzeugen können und dann benutzen wir alle dezentrale Systeme, freie Software und bekommen die freie Menschheit, die wir uns erhoffen!«

»Das ist doch komplett utopisch! Menschen glücklich machen zu wollen ist der erste Schritt in die Hölle, denn dann zwingst du ihnen in letzter Konsequenz einen Lebensstil auf. Und was passiert, wenn sie den nicht annehmen wollen?«

Stille. –

»Siehst du.«

Sesemi ist gelangweilt: »Ich muss jetzt los, Welt retten, wisse schon!«

»Äh, ja. War nett. Bis bald, oder?«

»Kleiner drei, meine Liebe.«

Ich sehe ihr noch einen kurzen Moment hinterher, ihre ebenholzfarbenen Locken wippen, als sie über die Straße geht. Diese Frau ist eine Wucht, denke ich und grüble über das Gespräch nach. Sesemi und ich sitzen wohl beide einer Utopie beziehungsweise Dystopie auf, die wir nicht erleben werden. Sie glaubt daran, dass es Vernunft gibt und Aufklärung dazu führen wird, dass Menschen rationale Entscheidungen treffen können und werden. Ich wiederum glaube, dass Menschen ein Recht auf Fehler haben, niemals alle Menschen aufgeklärt sein und schon gar nicht rational handeln werden. Dass die Geheimdienste und Staaten, ebenso die großen Konzerne das Netz zu ihrem Vorteil zu nutzen versuchen – geschenkt. Das ist kapitalistische Logik, damit leben wir. Ich öffne mein Schreibprogramm und beginne zu tippen. Ich werde wohl darüber bloggen. Und den Text Sesemi widmen.

Schafft das Netz eine demokratischere und freiheitlichere Gesellschaft, an der mehr Menschen partizipieren können? Dass die Menschen nach Sinn suchen, ändert sich erst mal nicht. Und dass sie lieber Pornographie anklicken, als sich mit Fragen der Demokratie zu beschäftigen, wohl auch nicht so schnell. Was tun? Kann man mit dem Netz eine neue Aufklärung in Gang setzen?

Einerseits bedeutet das Internet eine Dezentralisierung und somit eine stärkere Pluralisierung von Ideen:

digitale Aufklärung erscheint am Horizont. Andererseits kann jeder eigene Ideologeme erstellen. Es besteht die Möglichkeit einer radikalen Individualisierung, im Extremen Vereinsamung, in einem bisher nie gekannten Ausmaß. Das Internet als globales Vernetzungsmedium erhöht sowohl die Möglichkeit als auch Flüchtigkeit der eigenen Identitätsbildung. Gleichzeitig ergibt sich die Möglichkeit, Gleichgesinnte zu finden, mit denen sich wiederum die eigenen Ideen verknüpfen lassen – Grundlage für neue, globale Ideologeme. So gesehen kann auch das Internet als solches selbst zu einer Ideologie werden. Als solche wird es auch bereits verteufelt!

Ist es nicht perfide? Ich tippe *Adorno* in meine Suchleiste. Ah, da ist das Zitat, das ich gerade erst vollständig begreife: *»Das Bestehende zwingt die Menschen nicht bloß durch physische Gewalt und materielle Interessen, sondern durch übermächtige Suggestion. Philosophie ist nicht Synthese, Grundwissenschaft oder Dachwissenschaft, sondern die Anstrengung, der Suggestion zu widerstehen, die Entschlossenheit zur intellektuellen und wirklichen Freiheit.«*

Freiheit des Individuums – das Internet ermöglicht sie. Einerseits. Ich tippe weiter:

Das Internet bietet durch seinen dokumentarischen Charakter zum einen die Möglichkeit einer umfassenden Aufklärung. Es funktioniert als Gedächtnis und liefert allgemein zugängliche Informationen. Ande-

rerseits ist die Gefahr globaler, antiaufklärerischer Denkhaltungen nicht gebannt, ggf. sind sie durch die Verbreitungsmöglichkeit des Netzes sogar wirkungsmächtiger. Eine inhaltliche Abkopplung von der realen Welt im Internet ist ungleich einfacher, als einer inhaltlichen Diskussion in der realen Welt aus dem Weg zu gehen. Das Internet schafft die Möglichkeit einer Parallelwelt, die in sich geschlossen ist. Es ist paradox. Es ist das Medium der Aufklärung und potenziell das Medium der totalen Ideologisierung. Menschenwerk eben.

Ich freue mich über meine Gedanken. Die werde ich noch einbauen können in einen Text. Ich schließe das Programm, speichere die Datei unter »Ideologie2.0.txt« und tippe abermals die Zahlen in das Tastaturfeld meines mobilen Endgeräts. Ah! Am anderen Ende der Leitung meldet sich jemand.

»Wie geht es Junto?«

»Ich weiß es nicht. Er reagiert nicht.«

Das Netz gehört allen

tl;dr.: Das Internet, der Raum der unendlichen Möglichkeiten, der radikalen Gegenöffentlichkeit bedarf der mutigen Nutzung. In zu vielen Teilen der Welt ist das mit einem Risiko für Leib und Leben verbunden. Hinter den Daten stecken wir. Und nur wir.

Wir haben uns auf einer Party in einem besetzten Haus verabredet, ich sitze auf einem halb verschimmelten Sofa zwischen Graffiti und Punkmusik, nippe an einem Oettinger und twittere. Da kommt Mortensen. Seine Augen haben tiefe Ringe und sind angeschwollen, seine Pupillen zittern, als er mir mit bestimmter Stimme sagt, was passiert ist. Dass seine Bemühungen umsonst waren, dass Junto wohl tot ist.

Mein Mund öffnet sich, will widersprechen, Trost spenden, stattdessen laufen Tränen meine Wangen herunter. Ich will Mortensen umarmen, möchte das Geschehene rückgängig machen, die Nachricht verschwinden lassen. Was ist überhaupt passiert? Mortensen schluchzt, er gibt sich die Schuld, er stammelt etwas von einem Bild, das Junto ihm schicken wollte, das die Polizeigewalt gegen die Rebellen zeigt und den hiesigen Medien zugespielt werden sollte.

»Junto hätte mir das Foto nicht schicken dürfen«,

sagt Mortensen. »Ich hätte es ihm verbieten müssen. Ich habe ihm einen falschen Eindruck von Sicherheit vermittelt. Ich war nachlässig. Es ist meine Schuld.« Er verstummt.

Ich wusste, dass es Komplikationen gegeben hatte – nicht zuletzt hatten die Abendnachrichten über eine erneute Verhaftungswelle in Juntos Heimat berichtet.

»Es sind doch nur Daten«, wiederholt Mortensen immer und immer wieder. »Es sind doch nur Daten.«

Wir sitzen schweigend nebeneinander, halten uns die Hände und trinken Bier.

Der Tod, das ist etwas für alte Menschen, nicht für uns, denke ich, ich kann mir gar nicht vorstellen, wie es ist, alt zu sein und sterblich. Wie auch? Wir haben doch noch so viel Zeit. Jeder sieht in uns, in meiner Generation die Zukunft, das Neue, die Hoffnung. Jeder will aus genau jenem Grund jung sein, die Jugend für sich gewinnen. Es ist der Aggregatszustand des Menschen, der dem Tod am entferntesten, der Zukunft am nächsten ist. Manchmal klicke ich die übrig gebliebenen Profile Verstorbener und merke, dass der Tod in der digitalen Welt etwas sehr Fernes und Abstraktes ist. Nicht zuletzt, weil Daten irgendwie unsterblich sind. Trotzdem stehen hinter Daten, diesen elektrischen Impulsen, ganze Identitäten und Existenzen. Hinter den vielen Pixeln verstecken sich Menschenleben, echte Subjekte, mit Angst und voll Liebe, der Missgunst erliegend, ihre Liebsten betrügend. Und auch wenn wir um die Tücken des elektrischen Golems wissen, vergessen wir die Vorsicht nur allzu schnell, im Eifer wie in der Bequemlichkeit. Wir verschicken unsere Daten, machen uns klickbar, zu Objekten, fordern die Menschen auf, uns anzuklicken, uns zu sortieren, einzuordnen. Wir verpixeln Leben. Und manchmal setzen wir es so aufs Spiel.

»Was ist denn hier los?« Eine vertraute Stimme. Leonard kommt näher. Überschwänglich falle ich ihm um den Hals. Während er mich drückt und mir beruhigende Floskeln ins Ohr spricht, schluchze ich auf seiner Schulter. Wir setzen uns. Er reicht mir eine Zigarette und ein neues Bier.

»Diese Welt ist ekelhaft. Einfach nur ekelhaft.« Etwas apathisch wippe ich vor und zurück, die Worte rhythmisch wiederholend. »Was bringt uns die Vorstellung von Datalove, wenn sie Menschenleben kostet? Was hatte Junto davon, dass er Internet hatte? Nichts! Einfach nichts… wir sitzen hier und machen uns Gedanken über Rechnerwolken und Informationstechnologie, während es für Menschen wie Junto um ganz grundlegende Freiheiten und Menschenrechte geht… ging…« Ich beginne wieder zu schluchzen.

Leonard schweigt und legt den Arm um mich. Er redet auf mich ein, aber ich höre ihm nicht mehr zu. Es war nur ein Bild, auf einem Monitor.

Monitore konditionieren unser Unterbewusstsein auf zwei Formen der Realität. Die eine besteht aus Club Mate und Pizza und dem Lärm der Straßenbahn, quietschenden Bürostühlen und mit Postern vollgehängten Wänden, die andere aus den Bildern, die mein Monitor in diese erste Realität hineinträgt. Es liegt an mir, welche dieser Realitäten ich in meinem Innersten annehme.

Was würde die Kommunistin chloe.f.f.w heute dazu sagen? Bestimmt, dass die Technik als Mittel der Demokratisierung und Aufhebung von Herrschaftsstrukturen einst genutzt werden sollte. Und dass wir einsehen müssen, dass die Technik in der kapitalistischen Logik gefangen ist und dass sich die Herrschaftsstrukturen in der Technik abbilden und reproduziert werden. Dass wir gerade beobachten dürfen, wie sich Herrschaftsverhältnisse mit Hilfe der Technik manifestieren. Dass die Märkte sich vor den Menschen vernetzt und es geschafft haben, eine Umverteilung nach oben zu erzeugen. Dass wir nun den Willen zur Vernetzung, zum Kampf gegen eine internationale Wirtschaftselite brauchen. Dass es im Wesentlichen um das Entwerfen einer Gesellschaft geht, in der jeder Mensch Teilhabe zugesprochen bekommt. Und dass es sich dafür zu kämpfen lohnt. Sie würde immer noch das kleine, kalte Stück Schnitzel essen.

Was bleibt?, scheppert es in meinem Kopf. Was bleibt?

Ob Junto in seinen letzten Momenten daran dachte, dass er für die Sache der Freiheit gestorben ist? Oder will ich ihn von meiner kuscheligen Dachgeschosswohnung aus nur als »edlen Wilden« begreifen? Haben wir überhaupt dasselbe gemeint, wenn wir jeweils von Freiheit sprachen? Von was muss ich denn noch befreit werden, und gegen welche Gewalt musste Junto tagtäglich ankämpfen, um sich auch die kleinsten individuellen Freiräume zu erstreiten? Ich bereue, dass ich ihn so wenig gefragt habe.

Ich glaube, in einem Punkt meinten Junto und ich dasselbe, wenn wir von Freiheit sprachen. Es ging uns um Offenheit, um Schrankenlosigkeit. Man kann einer sich stetig wandelnden Welt nicht mit geschlossenem Denken beikommen. Ein offenes Ohr, ein offenes Herz und ein offenes Denken erfordert die Überwindung der eigenen Ängste und Vorurteile. Das ist für mich die eigentliche Bedeutung von Transparenz. Es geht hier um viel mehr als um Vergabeverfahren für Müllverbrennungsanlagen. Es geht um transparentes Denken, transparente Gesellschaften, transparente Kulturen. Transparenz bedeutet nicht weniger als die Verdrängung des Subjektiven als absoluten Maßstab des Seins, indem man es sich und anderen bewusst macht.

Transparenz bedeutet in erster Linie, einen Einblick zu bekommen, Vorgänge und Wissen durchschaubar zu machen, die Schatten zu zeigen, ohne sie auszulöschen. Die Schleier zu lüften und die Komplexitäten zu verstehen. Es geht nicht um das Glätten der Menschen, um das Einebnen der Unterschiede, sondern um das Sichtbarmachen der Unterschiede. Das Verstecken der menschlichen Unterschiede unter dem Deckmantel der Vertraulichkeit ist ein Verbrechen an denjenigen, die unsichtbar gemacht werden sollen, denen ein Platz in der Gesellschaft versagt wird, weil sie unangenehm sind, laut, eigen und weil sie auf Missstände hinweisen. Manchmal tun sie all das nur, indem sie so sind, wie sie sind, aussehen, wie sie aussehen, leben, wie sie leben. Eine Menschheit jedoch, die sich selbst erkennt, kann sich auch selbst anerkennen. Es wäre anmaßend und arrogant zu behaupten, Junto wäre dafür gestorben, aber ich weiß, dass er doch dafür gelebt hat. Irgendwie.

Inzwischen ist die Party völlig überfüllt, es riecht nach Bier und Hunden. Das Schlimmste an den Hausbesetzern sind die Köter, die so groß sind wie Ponys. Es schüttelt mich, als einer dieser Ponyhunde sabbernd auf mich zuläuft. In der Ecke liegt eine Matratze, darauf ein schlafender Körper. Entrückt beobachte ich das Treiben, die Interaktionen der Anwesenden und tippe eine Nachricht an Mr Big, die drei magischen Worte. Ich vermisse ihn.

Plötzlich tut es einen Knall. Rauchschwaden und Panik breiten sich aus.

»Hammer, die Bullen machen ’ne Razzia! Raus hier!«

Leonard packt mich und wir laufen los. Während wir durch die engen Gänge sprinten, ruft er mir zu, ich solle mir den Arm vors Gesicht halten, wegen des CS-Gases. Als ob ich das nicht wüsste. Die Szene ist so bizarr wie aufregend und doch nur ein Spiel. Vielleicht sind es die High Heels, auf denen ich erstaunlich gut vor der Polizei fliehen kann. Wir spielen hier Räuber und Gendarm.

»Schnell«, höre ich einen der Hausbewohner sagen, »macht Fotos und Videos. Wir brauchen Beweise, sonst heißt es nachher wieder, dass wir angefangen haben.«

Dass diese Beweise irrelevant sind und nur im Netz wahrgenommen werden, wissen alle. Und doch machen wir weiter. Zu Hause tippe ich bedeutungsgeschwängert in die Tasten:

Niemals wird das Netz wieder so frei sein wie die letzten zwei Jahrzehnte, wenn wir nicht weiter darum kämpfen. Das ist keine Frage der Generation, sondern eine Frage der Haltung. Wir haben in den letzten Jahren viel erreicht, aber die Freiheit des Netzes ist weiter in Gefahr. Oder jetzt erst recht, wo alle seine Bedeutung erkennen.

Vielleicht werden die letzten Jahre als die freiste Zeit unseres Lebens gelten. Und dennoch: Wir ha-

ben die Freiheit gekostet, und wir lassen sie uns nicht mehr nehmen. Die Aufbruchsstimmung ist vorbei. Der Kampf hat begonnen.«

La Fin

Anhang

Glossar

#
Hashtag. Ein → Tweet wird mit # kategorisiert, sodass alle Tweets mit dem versehenen Hashtag aufgelistet werden können. Unter #europa finden sich zum Beispiel alle Tweets zum Thema.

.txt
Dateiformat.

127.0.0.1
localhost oder auch: Die → IP-Adresse des eigenen Rechners.

@
Das At-Zeichen. Ein grundlegender Bestandteil von E-Mail-Adressen. Gibt bei → Twitter und sonst wo heute auch im Sinne von »an« den Empfänger einer Nachricht an.

Account
Benutzerkonto.

AGB
Allgemeine Geschäftsbedingungen.

Algorithmus
Laut Wikipedia eine aus endlich vielen Schritten bestehende eindeutige Handlungsvorschrift zur Lösung eines Problems. In Form von Computerprogrammen und elektronischen Schaltkreisen steuern Algorithmen Computer und andere Maschinen.

AOL-CD
Ende der 1990er Jahre bot AOL Internetzugang über CDs an.

Applikation
Programm. Meist im Zusammenhang mit Smartphones genannt.

Beepworld
Eine → Community, bei der man eigene Seiten anlegen kann. Gut für das Erstellen eigener Homepages, wenn man gar keine Ahnung hat. www.beepworld.de

Blauer Daumen
Der Gefällt-mir-Button bei → Facebook ist ein blauer Daumen. → Like

Blog
Das Wort entstand aus einer Mischung aus »Web« und »Logbuch«. Ein Blog ist ein virtuelles Tagebuch, eine Pinnwand, ein Notizblock, kurz: eine eigene Home-

page, auf der man Texte veröffentlichen kann, wie man möchte. Je nach Funktion kann darauf nur der Betreiber des Blogs schreiben oder auch die Öffentlichkeit kommentieren.
Beispiele:
www.fraulila.de,
www.nachdenkseiten.de,
www.quantenmeinung.de
www.lesmads.de
und mein absoluter Liebling:
www.seenandsaid.blogspot.ca
Mein eigenes Blog: www.juliaschramm.de

Blogpost
Ein Eintrag auf einem → Blog.

Browser
Computerprogramme, die den Zugang zum World Wide Web ermöglichen und Webseiten darstellen.

Brücke
Verbindung zwischen verschiedenen → Accounts.

Bubble Tea
Eistee mit essbaren Kugeln in verschiedenen Geschmacksrichtungen.

Buffering
Nennt man den Vorgang des Ladens eines Videos auf Videoplattformen vor dem Abspielen.

Chat
Ein Gespräch auf einer virtuellen Plattform wie → Twitter oder → IRC.

Chinch-Kabel
»Cinch (RCA) ['sɪntʃ] ist eine weitverbreitete umgangssprachliche Bezeichnung für ungenormte Steckverbinder zur asymmetrischen Übertragung von elektrischen Signalen, vorrangig an Koaxialkabeln.« (Wikipedia). Ein Stecker halt.

Client
Verbindungsprogramm zwischen → Server und Mensch.

Codemonkey
Scherzhafte Bezeichnung für einen Programmierer.

Community
Englisch für »Gemeinschaft«. Im Deutschen benutzt man dieses Wort, um die digitale Gemeinschaft auf einer Plattform zu bezeichnen.

Contentmafia
Umgangssprachlich, abwertend: Gesamtheit der (großen) Verlage, der Musik- und Filmindustrie, die ein verschärftes Urheberrecht fordert.

Creepy
Englisch für »unheimlich«.

cu
Kurzform für »see you«. Zu Deutsch: »Auf bald!«

Cybersex
Sex mit Hilfe eines Computers oder eines computerähnlichen Geräts.

Data-Miner
Menschen, die Daten erheben, sortieren, ordnen, in Kontext setzen.

Datalove
Die Überzeugung, dass Daten toll sind.
http://datalove.me/

Datingportal
Internetseite, auf der Menschen einen Partner oder Ähnliches suchen. So etwas wie Kleinanzeigen.

Digitale Boheme

Bezeichnung für eine junge, netzaffine Menschengruppe, die versucht, von kreativer Arbeit am Computer zu leben. Meist ansässig in Berlin.

Digital Native

Digitale Eingeborene. Menschen, die das Netz benutzten, bevor sie wussten, was das Netz ist.

Echofon

Programm, um → Twitter zu bedienen.

Ego-Shooter

Im Mittelpunkt dieser Ich-perspektivisch angelegten Computerspiele steht der Gebrauch von Schusswaffen.

Emoticon

Zeichenfolgen aus normalen Satzzeichen, die zum Beispiel ein → Smiley nachbilden, um in der schriftlichen elektronischen Kommunikation Stimmungs- und Gefühlszustände auszudrücken.

Die beliebtesten Emoticons:

:)	Lächeln
;)	Zuzwinkern
:(	Doof!
;(	SEHR doof!
>:-[	EXTREM doof.
:D	Lachen

XD Schallendes Gelächter
:P Zunge rausstrecken
<3 Herz (ausgesprochen: »Kleiner Drei«)
^^ Freudiges Augenbrauenhochziehen
o.O Verwunderung
O_o Verwunderung
:/ Och nö!
:3 Ach, wie süß!
_ Verzückung
… Sprachlosigkeit
-.- Genervt sein
:-* Kuss

Etherpad
Programm, um im Internet Texte mit anderen zu schreiben. Zum Beispiel: http://openetherpad.org/julia-schramm

Facebook
Plattform, auf der viele Menschen Profile haben und sich miteinander vernetzen. → Social Media

Femrate
Die neue Twitteridentität der Autorin. Radikaler und linker als laprintemps. https://twitter.com/femrate

Festplatte
Magnetisches Speichermedium. Hier werden die Daten im Computer gespeichert.

Follower
Bezeichnung für Menschen, die auf → Twitter Kurznachrichten abonniert haben.

Freak
Mensch, der von der Gesellschaft für komisch befunden wird. Warum auch immer.

Freemail
Kostenloser E-Mail-Anbieter.

Freies Betriebssystem
Betriebssystem auf dem Computer, das im Gegensatz zu Systemen von Windows oder Apple frei verfügbar ist, zum Beispiel → Linux.

Funfact
Ein Faktum, dass vor allem witzig ist, weil es traurig ist.

Geek
Englisch für »Streber«. Menschen, die unglaublich viel wissen, aber von ihrem Umfeld als komisch empfunden werden. Meistens mit den → Freaks befreundet.

Geodaten
Geographische Daten eines Ortes.

Google
Größte Suchmaschine der Welt. Durchforstet die Serverlandschaften nach Begriffen. Mittlerweile jedoch auch ein großer Konzern, der die Weltherrschaft anstrebt. Oder so.

Google+
Das → Facebook von → Google.

GPS
Globales Navigationssystem. Nutzt → Geodaten.

Hacken
Grenzen verschieben, neues Territorium betreten. Im üblichen Sprachgebrauch wird damit aber eher die Tatsache verbunden, dass Menschen wundersame Dinge mit dem Computer anstellen können.

Header
Kommt vom englischen »head«, was auf Deutsch »Kopf« heißt. Der Begriff meint zum einen den »Kopf« von Webseiten und Daten, also deren Metadaten, aber auch den Titelbereich einer Homepage.

Hentai Movies
Japanische Sexcomics. Oft mit Gewaltelementen.

ICQ
Homophon für »I seek you«. Uraltes Chatprogramm, das von ProSieben adoptiert wurde.

Instant Messenger
Chatprogramm.

IP-Adresse
Eine Adresse in Computernetzen, die auf dem Internetprotokoll (IP) basiert. Sie wird Geräten zugewiesen, die an das Netz angebunden sind. Entspricht quasi einer Hausnummer in einer Straße. Land.Stadt.Strasse.Hausnummer und ganz viele Klingelschilder, denn es können sich ja mehrere Leute ein Haus teilen. → 127.0.0.1

IRC
Abkürzung für »Internet Relay Chat«, eines der ersten Chat-Systeme. Wird im Gegensatz zu → MSN oder → Skype für Gruppenchats verwendet.

Jabber
Chat-Programm.

Klicki-Bunti
Scherzhafte Bezeichnung für Benutzeroberflächen, die aufdringlich aussehen und einfach zu bedienen sind.

Lan-Party
Partys, zu denen viele Menschen mit ihren Rechnern kommen, um zum Beispiel Computer zu spielen.

Latenz
Zeit, die Daten von a nach b brauchen. Auch: Synonym für Verzögerung.

Like
Englisch für »Gefällt mir« bei → Facebook. → Blauer Daumen

Linux
Freies → Betriebssystem.

Liquid Democracy
Die Idee einer Mischung von repräsentativer und direkter Demokratie.

Liquid Feedback
Virtuelle Plattform, die der gemeinsamen Meinungsfindung dient und auf der Programmarbeit in einer Organisation betrieben werden kann.

lol
Abkürzung für »laughing out loud«. Zu Deutsch: »Laut lachen«.

Mem (Plural: Meme)
Ein Mem bezeichnet ein Bild, einen Satz, eine Redewendung oder Ähnliches, kurz: eine kulturelle Sinneinheit. Angelehnt an das Wort »Gen« ist das Mem dessen kulturelles Gegenstück, das sich ebenso nach den Regeln der Evolution, also Selektion, Mutation und Variation, verhält.
Verbreitete Meme sind unter anderem:

- Weil es geht.
- Weil ich es kann.
- What is wrong with me?
- Wisse schon
- In diesem Internet

Metamoderne
Idee, wie die »zweite Moderne«, die Zeit nach der Post-Moderne, heißen kann. Geprägt von der Betrachtung der Betrachtung der Moderne.

Mobiles Endgerät
Gerät, mit dem man online gehen kann.

Morphen
Fließend verändern (bei computergenerierten Spezialeffekten).

Mr Big
Große Liebe von Carrie Bradshaw, der Hauptfigur in »Sex and the City«.

MSN
Chatprogramm von Windows, das kaum jemand benutzt.

Multifunktionstools
Dinge, die vieles können. Zum Beispiel Schweizer Taschenmesser. http://www.amazon.de/Wenger-Schweizer-Offiziersmesser-Messer-Schatulle/dp/B000R0JDSI/ref=cm_cr_pr_product_top

Nerd/Nerdette
»Nerd [nɜːd] (engl. für Langweiler, Sonderling, Streber, Außenseiter, Fachidiot) ist ein gesellschaftliches Stereotyp, das besonders für in Computer oder andere Bereiche aus Wissenschaft und Technik vertiefte Menschen steht. Manchmal wird auch ein überdurchschnittlicher Intelligenzquotient (IQ) als begleitende Eigenschaft genannt. Am häufigsten sind Computerfreaks gemeint. Während der Begriff ursprünglich negativ besetzt war, hat er sich in Internetcommunitys und unter Com-

puterspielern und -freaks zu einer selbstironischen Eigenbezeichnung gewandelt.« (Wikipedia)

Netzsperre
Das Sperren einzelner Internetseiten.

Nickname
Selbst gewählter Name, unter dem man sich im Netz aufhält.

Offline
Ohne Verbindung zum Internet.

Pixel
Laut Wikipedia ein Kunstwort aus der Abkürzung der Wörter »pictures« (engl., »Bilder«, umgangssprachlich verkürzt »pix«) und »element« und wird oft mit »px« abgekürzt. Pixel sind einzelne Bildpunkte, aus denen digitale Bilder entstehen.

Pizza Connection
Computerspiel, bei dem es um den Aufbau einer Pizzakette geht.

Plattformneutralität
Die Idee, dass eine Plattform frei zugänglich für jeden ist.

Post(en)
Englisches Verb für das Einstellen eines Onlinebeitrags.

Proprietär
Adjektiv zu »Eigentum« (lat. »proprietas«). Bezeichnet eine Software, für die Lizenzen gekauft werden müssen.

Proxy
Von »proximus« (lat., »der Nächste«). Vermittler oder Schnittstelle in Computernetzwerken.

Random socializing
»Random« = »willkürlich« (engl.), »socializing« = »netzwerken« (engl.). Sich unter Menschen mischen.

Realitätsemulator
Laut Wikipedia wird als Emulator (von lat. »aemulare«, »nachahmen«) in der Computertechnik ein System bezeichnet, das ein anderes in bestimmten Teilaspekten nachbildet. Realitätsemulatoren ahmen die Wirklichkeit nach, zum Beispiel im Reality TV.

Rechenwolke
→ Wolke

Regel 34:
There is porn of it, no exceptions. Ein Mem, das den scherzhaften Umgang mit der Sexualisierung in der Gesellschaft reflektiert.

RFID
Abkürzung für »Radio-Frequency Identification«. Beschreibt die Identifizierung von Gegenständen und Lebewesen auf Grundlage elektromagnetischer Wellen mit Hilfe eines Lesegeräts. Erleichtert die Erfassung von Daten erheblich.

Schwarm
So wird die Meute im Netz (Netzöffentlichkeit, »Die Vielen«) bezeichnet, die mal klug, mal dumm, mal dreist, mal hohl, mal wunderbar und grausam ist.

Scrollen
Umblättern auf Internetseiten. Nur ohne Umblättern, sondern mit Rollen.

Server
Ein Server (engl., »Diener«) stellt in einem Computersystem Daten oder Ressourcen zur Verfügung. Es handelt sich dabei entweder um ein Computerprogramm, das einen Dienst implementiert, oder den Computer selbst, auf dem ein oder mehrere Server-Programme laufen.

Sheeple
Kunstwort bestehend aus »People« (engl., »Menschen«) und »Sheep« (engl., »Schaf«). Kommentiert abfällig die Dummheit und das Obrigkeitsdenken von Menschen.

Skynet
Diktatorisches Supernetzwerk aus dem Film »Terminator«.

Skype
Chat und Telefonprogramm.

Smiley
Nachbau eines Gesichtsausdrucks mit Hilfe von Satzzeichen. → Emoticon

Soziale Medien/Social Media
»Social Media (auch Soziale Medien) bezeichnen digitale Medien und Technologien (vgl. Social Software), die es Nutzern ermöglichen, sich untereinander auszutauschen und mediale Inhalte einzeln oder in Gemeinschaft zu gestalten.« (Wikipedia) → Web 2.0 → Facebook → StudiVZ → Xing

Spam
Informationen, die man ungewollt zugeschickt bekommt, per E-Mail, SMS… bei → Facebook, → Skype…

Spoiler
Information zu einem Film, Buch…, die das spannendste Element oder die Auflösung vorwegnimmt.

Staatstrojaner
Programm für den versteckten staatlichen Zugriff auf fremde Systeme, eine Art »trojanisches Pferd«.

STFU
Abkürzung für »Shut the fuck up«. Zu Deutsch: »Halt die Klappe!«

StudiVZ
Deutsches Netzwerk, das kaum noch benutzt wird, weil alle bei → Facebook sind. → Soziale Medien

Tab
Offene Seite im → Browser.

Teenchat
→ Chat für Teenager.

Teilen/Share
Digitalen Inhalt mit anderen teilen, zum Beispiel auf → Facebook.

Telepolis
Onlinemagazin des Heise-Verlags. www.heise.de/tp/

Texteditor
Ein Programm, um Texte zu erstellen oder zu bearbeiten. Word ist ein Texteditor.

Ticker
Aneinandergereihte Kurzinfos zum Weltgeschehen.

tl;dr
Abkürzung für »too long didn't read« (Zu Deutsch: »Der Text war zu lange, ich habe ihn nicht gelesen«). Es hat sich eingebürgert, bei langen Texten die zentrale These unter »tl;dr« zusammenzufassen.

TOR
Steht für »The Onion Router«. Netzwerk, das der Anonymisierung von Verbindungsdaten dient.

TM
Trademark. Wird benutzt, um die Größe und Ungenauigkeit von Begriffen zu reflektieren. Zum Beispiel: Gott™.

Treehugger
Kunstwort aus »Tree« (engl., »Baum«) und »Hugger« (engl., »Umarmer«). Abfällige Bezeichnung für Menschen, die sich allzu sehr für die Natur interessieren.

Troll
»Der Begriff Troll bezeichnet im Netzjargon eine Person, die Kommunikation im Internet fortgesetzt und auf destruktive Weise dadurch behindert, dass sie Beiträge verfasst, die sich auf die Provokation anderer Gesprächsteilnehmer beschränken und keinen sachbezogenen und konstruktiven Beitrag zur Diskussion darstellen. Ein gelegentlich gebrauchtes Synonym ist Twit (engl: Dummkopf).« (Wikipedia)

Tschunk
Cocktail aus Mate, Rum und Limetten.

Tweet
Eine Kurznachricht beim Kurznachrichtendienst → Twitter.

Tweetdeck
Ein Programm, mit dem → Twitter bedient werden kann.

Twitter
»Gezwitscher« (engl.). Größter Kurznachrichtendienst weltweit.

Warp-Antrieb
Begriff aus der Science-Fiction. Antrieb, um Lichtgeschwindigkeit zu erreichen. → Nerd/Nerdette → Freak

Web 2.0
»Web 2.0 ist ein Schlagwort, das für eine Reihe interaktiver und kollaborativer Elemente des Internets, speziell des World Wide Webs, verwendet wird. Hierbei konsumiert der Nutzer nicht nur den Inhalt, er stellt als Prosument [Verbraucher oder Nutzer, der gleichzeitig Konsument ist] selbst Inhalt zur Verfügung. Der Begriff postuliert in Anlehnung an die Versionsnummern von Softwareprodukten eine neue Generation des Webs und grenzt diese von früheren Nutzungsarten ab. Die Verwendung des Begriffs nimmt jedoch zugunsten des Begriffs → Social Media ab.« (Wikipedia)
→ Facebook → StudiVZ → Xing

Webinterface
Die Schnittstelle zwischen Nutzer und Internet: Webschnittstelle.

Wikileaks
Plattform, auf der geheime Unterlagen veröffentlicht wurden.

Wolke
Die IT-Infrastruktur (Datenspeicher und Software zum Beispiel) liegt nicht mehr auf dem eigenen Server, sondern auf einem anderen und wird über ein Netzwerk angeboten.

wtf
Abkürzung für »What the fuck?«. Zu Deutsch: »Äh, bitte was?»

Xing
So was wie → Facebook für seriösliche Wirtschaftsleute.

Yahoo
Internetunternehmen. Versucht wie → Google zu sein, ist es aber nicht.

YouTube
Bekanntes Videoportal.

Literatur

Es folgt ein Überblick über die Texte, die ich gelesen habe, während das Buch entstanden ist – Texte, die direkten Einfluss auf mich hatten oder die ich einfach gerne mag.

Artikel:

- Barlow, John Perry, *Cyberspacemanifest,* in: http://w2.eff.org/Censorship/Internet_censorship_bills/barlow_0296.declaration
- Berg, Sybille, *Jede Nachricht ist eine schlechte Nachricht,* in: http://www.spiegel.de/kultur/gesellschaft/0,1518,811778,00.html
- Coelho, Paulo, *My thoughts on S.O.P.A,* Manifest zum Thema Filesharing, in: http://paulocoelhoblog.com/2012/01/20/welcome-to-pirate-my-books/
- Deresiewicz, William, *Faux Friendship,* in: http://chronicle.com/article/Faux-Friendship/49308/
- Diez, Georg, *Das Scheißleben der Feuilletonisten,* in: http://www.spiegel.de/kultur/literatur/0,1518,791694,00.html
- *Dossier: Digitales Denken,* in: http://www.faz.net/aktuell/feuilleton/debatten/digitales-denken/
- Hark, Ulrike, Weber, Bettina, *»Es gibt nichts Teureres als ein langes Leben«, Interview mit Juli Zeh,* in: http://www.tagesanzeiger.ch/leben/gesellschaft/Es-gibt-

nichts-Teureres-als-ein-langes-Leben/story/10144823

- Heimburger, David, Hildebrandt, Tina, Lersch, Paul, Mohr, Reinhard, Neubacher, Alexander, Schäfer, Ulrich, Schumacher, Hajo, *Die neuen Deutschen*, 22.05.2002, Spiegel 21/2000, in: http://www.spiegel.de/spiegel/print/d-16466523.html
- Joos, Richard, *Das Internet. Zum Vergesellschaftungsprozess einer neuen Technologie*, in: http://www.zuviel.org/magister/text_gesamt.html
- Manson, Charles, *Your Children*, Verteidigungsrede vor Gericht, in: http://feastofhateandfear.com/archives/charles_01.html
- Morozov, Evgeny, *The Death of the Cyberflâneur,* in: http://www.nytimes.com/2012/02/05/opinion/sunday/the-death-of-the-cyberflaneur.html?_r=2&pagewanted=all
- Nachtwey, Oliver, *Im Taxi mit dem Philosophen,* in: http://taz.de/Der-Elvis-der-Kulturtheorie/!85132/
- Passig, Kathrin, *Zur Kritik an Algorithmen. Warum wurde mir ausgerechnet das empfohlen?,* in: http://www.sueddeutsche.de/digital/zur-kritik-an-algorithmen-warum-wurde-mir-ausgerechnet-das-empfohlen-1.1253390
- Pauer, Nina, *Wenn Ironie zum Zwang wird,* in: http://www.zeit.de/2011/43/Peinlichkeit-Ironie/
- Paul, Joachim aka Haflinger, Nick, *Piraten ante portas! – Eine politische Kampfschrift*, in: http://www.vordenker.de/blog/?p=394

- Raab, Klaus, *Über ich ist wir,* in: http://www.freitag.de/alltag/1144-gestatten-ich-ich-ich-ich-ich-und-ich-das-neue-wir
- Rich, Nathaniel, *The American Wikileaks Hacker,* in: http://www.rollingstone.com/culture/news/meet-the-american-hacker-behind-wikileaks-20101201
- Rötzer, Florian, *Nächstenliebe im elektronischen Zeitalter. Ein Gespräch mit Vilém Flusser,* in: http://www.heise.de/tp/artikel/2/2030/1.html

Bücher:

- Adorno, Theodor, Horkheimer, Max, *Dialektik der Aufklärung*
- Arendt, Hannah, *Vita activa*
- Baker, Stephen, *The Numerati*
- Brontë, Emily, *Wuthering Heights*
- Crouch, Colin, *Postdemokratie*
- Dohm, Hedwig, *Die Antifeministen*
- Foucault, Michel, *Überwachen und Strafen*
- Gehlen, Dirk von, *Mashup. Lob der Kopie*
- Greene, Graham, *The quiet American*
- Hardt, Michael, Negri, Antonio, *Multitude. War and Democracy in the Age of Empire*
- Heller, Christian, *Post privacy: Prima leben ohne Privatsphäre*
- Hofstadter, Douglas, *I am a strange loop*
- Hörisch, Jochen, *Tauschen, sprechen, begehren*

- Illouz, Eva, *Warum Liebe weh tut. Eine soziologische Erklärung*
- Lenin, Wladimir I., *Was tun?*
- Luxemburg, Rosa, *Massenstreik, Partei und Gewerkschaften*
- Mann, Heinrich, *Der Untertan*
- Mann, Thomas, *Die Buddenbrooks*
- Morozov, Evgeny, *The Net Delusion: How not to liberate the world*
- Nietzsche, Friedrich, *Also sprach Zarathustra*
- Plath, Sylvia, *Selected Poems*
- Sennett, Richard, *The fall of public man*
- Tucholsky, Kurt, *Schloß Gripsholm*
- Walter, Natasha, *Living dolls – the return of sexism*
- Wilde, Oscar, *The Importance of Being Earnest*

Alles, was mir Hegel besser erklärt.

Paten

Folgende Figuren und Personen der Zeitgeschichte, die mich besonders beeinflusst haben, haben für die einzelnen Kapitel dieses Buches Pate gestanden:

Clarissa Darling – Mein Freund, der Monitor
Sylvia Plath – Mein Tagebuch dürfen alle lesen
Friedrich Schiller – Wie Jack the Ripper mich das Leben lehrte
Heinrich Manns Wolfgang Buck – Flirten lernen mit Pädophilen im Teenchat
Bibi Blocksberg – Ich ist relativ
Niklas Luhmann – Mein Gehirn ist digital
Hermann Hesse – Digitale Freunde sind pflegeleicht
Hannah Arendt – Ich liebe nicht mein Land, ich liebe das Internet
Theodor W. Adorno – Sich am Weltgeschehen verschlucken
Sasha Grey – Sex geht auch online
Simone de Beauvoir – Liebe in Zeiten der Austauschbarkeit
Hedwig Dohm – Mädchen sind auch im Internet doof
Ralf Dahrendorf – Sag Hallo zum Nichts
Olympe de Gouges – Aufklärung 2.0
Rosa Luxemburg – Das Netz gehört allen

Postskriptum: Ein Weltveränderungsmanifest ohne weltbewegende Erkenntnisse

Ein Manifest ist ein häufig bemühter Versuch, öffentlich Ziele und Ideen zu vertreten, Emotionen zu wecken, Menschen anzustecken mit Ideen und Hoffnung. Meist scheitert dieser Versuch, meist klingt er albern, und trotzdem versuchen es viele immer und immer wieder. Ein Manifest ist ein Hilfeschrei und hat daher etwas Übersteigertes, denn es sucht einen scharfen Kontrast zu der Realität, die es beeinflussen will. Ein Manifest wird nur beachtet, wenn es als historisches Dokument gelten kann.

Die Imperien sind erobert und gefallen, die großen Weltentwürfe gedacht und niedergeschrieben, die Tragödien der Geschichte sind aufgeführt, der Vorhang gefallen. Was bleibt, ist ein von Eliten getragener Zeitgeist, der von Zukunft und Visionen spricht und doch nur die Heiligsprechung des Bestehenden im Sinn hat, das gegen jeden Idealismus und den damit einhergehenden Wandel verteidigt werden muss. Zukunft, das ist nur noch ein Setzkasten aus den ewig gleichen Phrasen, die nichts als eine Fortsetzung des Gewesenen versprechen. Und doch regt sich Widerstand.

Während die Menschen in Nordafrika auf die Straße gehen und ihre ungeliebten Eliten stürzen, in den USA die Wall Street besetzt wird und in Griechenland Straßenschlachten geschlagen werden, gibt die deutsche Gesellschaft technikaffinen Nerdetten und Nerds die Chance, Politik zu machen. Einer Gruppe Menschen, die sich dem Internet und seinen Möglichkeiten verpflichtet fühlt und die bisher kritisch und distanziert auf die Parteiendemokratie geblickt hat. Jetzt aber wollen diese Außenseiter, die aus einer neuen Welt kommen, die bequeme alte erobern – mit revolutionärem Gestus.

Diese Menschen haben die Monitore zeitweise verlassen und sich aufgemacht, die Welt zu ändern. Zu retten. Vor uns liegt ein Ozean an Möglichkeiten, unsere Freiheit wirklich zu nutzen, unsere Zukunft neu zu gestalten.

Die Piraten sind eine Partei des postdemokratischen Zeitalters, die den Kampf gegen den Rückfall in die vorrevolutionären Zustände des 18. Jahrhunderts aufgenommen hat und die Logik einer entleerten repräsentativen Parteiendemokratie zu durchbrechen sucht. Sie sieht sich im Kampf gegen eine blutleere, ausgehöhlte Demokratie, beherrscht von ununterscheidbaren »Volksparteien«, Technokraten, Lobbys und bequem gewordenen Bürgern.

Doch ganz im Sinne des »Post«, fordern die Piraten nicht mehr nur die Herrschaft des Volkes, nein, sie stellen den Sinn von Herrschaft generell infrage. Denn wie Herrschaft bei uns ausgeübt wird, delegitimiert und bedroht sie Politik generell und hat längst dazu geführt, dass politische Debatten eigentlich keine mehr sind. Statt ergebnisoffener und konstruktiver Debatten gibt es einen Gemütlichkeitskonsens, entstehend aus Überforderung, Denkverboten und dem Verweis auf die Regelungskraft des Marktes, der aufgrund von Konzentration und Verflechtung zunehmend staatswirtschaftlichen Charakter annimmt.

Grundsätzliche Fragen werden nicht mehr gestellt, eingefahrene Prozesse nicht hinterfragt, unabhängig davon, wie schädlich sie sind und dass sie nur den dominierenden Eliten dienen. Die Piraten rebellieren dagegen, gegen das, was sich in mühevoller Kleinarbeit als politischer Betrieb etabliert hat und wie ein Relikt aus einer unbekannten Zeit wirkt, mit Ritualen und Vorstellungen, die niemand mehr so richtig verstehen kann. Und will. Doch was wollen wir, wenn wir uns aufmachen, alles anders zu machen!?

0. Die Geschichte ist die Geschichte existenzieller Freiheitskämpfe mit dem Motiv der individuellen Selbstbehauptung vor der Welt. Diesen Kampf wollen wir weiterführen, für eine freie und solidarische Gesellschaft.
1. Wir kämpfen für eine neue Wissensgesellschaft, in der Menschen sich dem »Projekt der Aufklärung« verschreiben. Alle sollen zu allen Informationen und Wissensinhalten denselben Zugang haben, sowohl als Produzenten als auch als Rezipienten sol-

len ihnen alle Möglichkeiten offen stehen. Ziel ist eine Gesellschaft, in der Ideen den Menschen nutzen und nicht vor ihnen versteckt werden – sei es nun aus wirtschaftlichen oder ideologischen Gründen. Eine Gesellschaft, in der Menschen für ihr Streben nach Wissen nicht mit Überwachung bestraft werden. Eine Gesellschaft, in der jeder Mensch das Recht auf Vernetzung, Information, Wissen und freie, unkontrollierte Kommunikation hat. Und Anonymität.

2. Wir kämpfen für gesellschaftliche Teilhabe, dafür, dass jeder Mensch, unabhängig von Herkunft, Geschlecht, Alter und anderen distinktionsfähigen Eigenschaften, einen Platz in der Gesellschaft hat. Jeder Mensch muss ein Leben in Würde führen können, ohne Existenzsorgen, ohne Angst vor gesellschaftlicher Ausgrenzung. Jeder Mensch ist wertvoll, hat eine Geschichte, die eine Bereicherung ist, und das Recht, dafür anerkannt zu werden.
3. Wir kämpfen für ein selbstbestimmtes Leben, für die Möglichkeit, Entscheidungen frei treffen zu können. Für eine Gesellschaft, in der diese Entscheidungen akzeptiert und Menschen nicht stigmatisiert werden.
4. Wir kämpfen für eine lebenswerte Welt. Unsere Welt ist einzigartig und schützenswert. Unser Lebensraum soll von uns gestaltet, unser Leben von uns geschützt werden. Unsere Welt ist die einzige,

die wir haben, und unser Leben basiert auf ihr und ihren Ressourcen. Unsere Pflicht ist es deshalb, sie zu schützen.

5. Wir kämpfen für wahre Demokratie und gegen jegliche Obrigkeit, und sei es nur die der Kirche. Wir kämpfen für einen offenen und nachvollziehbaren Staat, der wirklich neutral ist und somit allen nutzt. Für dezentrale Plattformen, die den Menschen dienen, nicht sich selbst oder den Zentralisierungsgewinnlern; die grundlegende Bedürfnisse befriedigen und ein würdiges Leben ermöglichen. Wir fordern Plattformneutralität. Wir fordern faire Verfahren zur Entscheidungsfindung und die Beteiligung aller, denn Demokratie ist, wenn der Prozess schmerzhafter ist als das Ergebnis. (https://twitter.com/#!/zeitweise/status/1838872240881745)

Dank

Wer so tut, als bringe er die Menschen zum Nachdenken, den lieben sie. Wer sie wirklich zum Nachdenken bringt, den hassen sie. (Don Marquis)

Ein Buch zu schreiben ist eine große Herausforderung und eine ebensolche Freude. Dass ich tatsächlich die Möglichkeit bekam, es auf diese Weise zu tun, verdanke ich sehr vielen Menschen. In erster Linie aber meinen Eltern, die mir die Freiheit gaben, geistig tätig zu sein, die mich unterstützen, bei allem, was ich tue, und die mir ein wunderbares Umfeld für meine geistige Entwicklung schenkten. Aber auch meinen Geschwistern und dem Rest meiner Familie und Freunden danke ich, dass sie mich stets geistig herausfordern und mich immer dazu bringen, mich und das, was ich tue, zu hinterfragen. Viel zu verdanken habe ich Menschen in meiner Vergangenheit, die mir so wohlgesonnen waren: so unter anderem Norbert Kirchoff, Frau Teschner, Frau Hannig und Herr Kronenberg.

Auch dem Verlag und vor allem dem Lektorat möchte ich danken. Ich habe meine Verlagswahl nicht nach den Konditionen oder dem politischen Ruf der Verlagsgruppe gewählt. Ich habe mich nicht nach dem finanziellen Angebot gerichtet, nach vermeintlichen

Annehmlichkeiten oder mit dem Ziel, mich über den Verlagsnamen zu profilieren. Ich wählte den Verlag auf Grund meiner Lektorin aus, denn es ging mir immer darum, einen guten Text zu verfassen, einen Text, der mich einfängt, mir gerecht wird und trotzdem der Masse zugänglich ist. Das ist gelungen, wie ich finde.

Das letzte Jahr meines Lebens war diesem Buch gewidmet und den vielen Dingen, die ich gelernt habe. Ich habe mich verändert, aber auch die Zeilen, die ich verfasste, haben sich verändert. Ich bin eine neue Version meiner selbst.

Das Entstehen dieses Buches haben viele Menschen aktiv und indirekt begleitet und beeinflusst. Ein paar seien genannt!

Danke an Jannis und seine Familie; an die Frau, die nicht genannt werden will (Davon gibt es sogar zwei!). Danke an Deborah, Cora und Frieda, an Yvonne und Jan, an Katrin und Markus, an die vielen, die im Geist bei mir waren und sind und denen die Figuren und Episoden gewidmet sein sollen. Danke, dass ihr mich begleitet habt während dieses anstrengenden Prozesses. Auch wenn das viel Energie gekostet hat. Euch wie mich.

Danke an die vielen, die sich die Zeit nehmen, mich aufrichtig und ehrlich zu kritisieren, die hinter die Fassade blicken und in mir nicht nur eine Projektionsfläche sehen.

Danke letztlich an folgende Leute, die mich inspirierten und Teil dieses Buches sind. Oder einfach nur awesome: @senficon @F0O0 @incredibul @arte_povera @tollwutbezirk @pantoffelpunk @afelia @mh120480 @sofakissen @herr_rosenfeld @_noujoum @c_holler @tarzun @lotterleben @maeusehaut @laviniast @herrurbach @crackpille @kegelklub @sebastiank @ekelias @elquee @fraulila_de @seenandsaid @edomblog @antiprodukt @nick_haflinger @whothefuckisdan @bangpowwww @kyra2001 @ihdl @map @forschungstorte @mueslikind @rhotep @muestri @anthchirp @guenterhack @jensbest @singsalad @thegurkenkaiser @seeroiberjenny @zeitweise @johl (Dem das Zitat »Programmieren ist das neue Latein« zuzuschreiben ist) @navybk @inkorrupt @haberflock @piratTJ @mykke_ @nineberry @sebaso @goldregenpfeifen @die_sylvi @andipopp @kc__dc @mspro @sixtus @einfachmark @kortikalknoten @suddengrey @zeitweise @andizottmann @korbinian @nad_no_ennas @insidex @anked @thwied @phaidrosDA @kevusch @questionatic @schwarzblond @plomlompom @zeroskillor @alios @johannesponader @FR31H31T @f0o0 @pfadintegral @turpia @felicea @caevy und die vielen, die ich vergaß.

Und zuletzt danke ich dem Mann. Einfach weil ohne ihn nichts wäre.

Knaus
K